増税とインフレの真実

元財務官僚が「財務・岸田連合」の企みを暴く！

元財務官僚／数量政策学者
髙橋洋一

はじめに

「日本は、世界でも最も深刻なレベルの財政難にある」

「一人あたりの借金が〜〜円ある」

「いつか国債は暴落する」

読者諸氏は、もう飽きるほどこういう話を聞かされてきただろう。

そんな中で、

「緊迫する東アジア情勢に対応するために、防衛費増額が必要だ。日本の財政は苦しいから、防衛増税が不可避」

と、テレビや権威ある新聞、ＳＮＳで「識者」が語っているのを見ると、「財政も苦しいし、仕方ないな」と納得したくなるかもしれない。

しかし納得しなくていい。

というより納得してはいけない。

防衛費増額は必要だが、**増税しなくても財源はある。**

テレビのニュースやSNSでは、

「ナショナルブランドであるA社のBという食品が、値上げした。庶民の財布を直撃だ」

といった情報が連日流れている。

「消費者物価指数も4%近く上昇している。これはもう立派なインフレだ！」と言う「識者」も多い。数字（消費者物価指数）を基に言われると、つい納得しそうになるだろう。

しかし、これも納得してはいけない。

日本は現状、世界標準で見れば、インフレではない。

「実際にモノが値上がりしているではないか」と思うかもしれないが、値上がりした商品や食品があるからといってインフレとは言えない。

では「世界標準で見れば」というのは、具体的にどんな指標で測るのか？　その指標での数字を超えたらインフレと言えるのか、ご存知だろうか。

実は、メディアでもっともらしく語る「識者」の中にも、そして権威ある経済紙の記者の中にも、この指標を知らない人が多くいる。にわかには信じられないかもしれないが、残念ながら、これが私たちが置かれている情報空間の実情だ。

真実を知らされず、誤った認識を自然と刷り込まれてしまう社会で、私たちは生きている。

増税はいらない。

日本は現状、インフレではない。

なのになぜ、正反対の主張が「正しい」ような流れになっていくのだろうか。

その裏には、私の古巣・財務省と、財務官僚に「言われるがまま」の岸田首相の、いわば連合による企《たくら》みがあるのだ。

「国益のために動くはずのエリート集団が、なぜわざわざ増税や、世界標準と異なる見方を?」という疑問がわくのは当然だ。

私は約30年間、財務省(旧大蔵省)で、不良債権処理に携わり、「霞が関埋蔵金」を公表し、ふるさと納税や「ねんきん定期便」など数々の政策を提案・実現してきた。だから

財務官僚の体質や組織風土を嫌というほど知っている。

本書を、読者の当然の疑問に答えるべく書いた。そして、「誤った認識やイメージ」に踊らされるのではなく、増税やインフレといった時代の波頭に現れるテーマについての真実を、読者諸氏一人ひとりがしっかり見極められるようになるために書いた。

そのため、GDP、物価、失業率、財政政策、金利、為替、国債といった超重要ワードが出てくる。それらについての真実を、しっかり解説した。

「経済入門」という形はとっていないが、本書を読み終わったときには、経済についての押さえておくべきテーマを、しっかり理解できているはずだ。

ぜひご一読頂きたい。

第4章 「国債はいずれ暴落」は、増税したい財務省の大ウソだ

第５章　これだけ知っておけば、金融機関に騙《だま》されずに「資産」を守れる！

第１章

「増税」しなくても財源はある！

――なぜ財務省は「増税」「金融引き締め」をしたいのか――

安倍元首相没後に始まった財務省の露骨な巻き返し

財務官僚の「増税本能」が、実によく分かる形で露《あら》わになったのが、**「防衛増税」**だ。一連の動きには、読者の皆さんにぜひ知っておいてほしい「財務官僚の本質」が凝縮されている。

新聞やニュースではほとんど報じられない、彼らの体質を理解するまさに絶好のケースなので、ざっくりと解説しよう。

2022年の年末、「防衛増税」という単語がニュースで飛び交うようになった。簡単に言えば、「防衛費が足りない。確保するために増税するぞ」というわけである。

防衛費を上げることが良いか悪いかは別として、なぜ「防衛増税」という案が出てきたのか、そのプロセスを見ていこう。

２０２２年２月24日、ロシアによるウクライナ侵攻が始まった。

これを受けて同年６月ごろ、安倍晋三元首相が、

「防衛費をＧＤＰの２％を目標に増額するべき」

という考えを示したのである。

もっとも、このとき安倍元首相はすでに、この考え方がいずれ増税の話に発展する可能性があると分かっていた。

だから先手を打って、

「『防衛国債』によって財源を確保すべきだ」

という方針を示した。

つまりこの段階では、防衛費を上げるために国債を発行することが考えられていたわけだ。

安倍元首相が不幸にも凶弾に斃《たお》れる前の参院選では、自民党の公約に、防衛予算をＧＤＰ比で２％以上とすることが明記された。

そして皆さんご記憶のように、この選挙に自民党は勝利した。

ところが、である。

●財務省と「言われるがままの岸田首相」連合の企み

安倍元首相が亡くなってから、事態は変わった。

財務省が巻き返しを図ったのである。

官邸内で防衛力強化のための政府の有識者会議が開かれたとき、そのメンバーには財務省のポチ、つまり財務省の言いなりになる人間ばかりが集められた。

そうして11月、有識者会議の結果として出された提言は、「増税を含めた国民負担が必要」というものだった。表現としては「恒久的財源が必要」。これは、いわば「財務官僚用語」でいうところの増税である。

すきあらば増税したい財務省の思惑通りに事が進んだということだ。防衛国債の道は封じられ、代わりに「防衛増税」という路線が持ち出されてきたのである。

そもそも財務省には、ＧＤＰ比２％の予算を防衛費に割《さ》きたくないという思惑すらあるように見える。

その証拠に、防衛省は当初、５年間の防衛費の予算について48兆円を提示したのだ。

しかしここに財務省から横槍が入った。

最終的には43兆円になった。

財務省は、防衛費をケチったわけだ。

それでも、これまでの防衛費と比較すれば１・５倍超となる大きな数字ではあったが、ＧＤＰ比２％には満たない。つまり公約違反ということになる。

もっとも当時、５年間の防衛費43兆円という数字に対して、報道各社は軒並み「膨れ上がった防衛費」という批判的な論調の記事ばかりを並べ、自民党の公約には触れなかった。

そして２０２２年12月、いよいよ来年度予算の作成に入らなければならない時期になった。

また、政府は防衛力を強めるという理由で、国家安全保障戦略、国家防衛戦略、防衛力整備計画という、いわゆる「安保３文書」の改定を閣議決定しなければならなかった。

こういった事情に関連して、「防衛増税」の話が具体的になってきたのが、２０２２年末に始まり、今もマスコミやテレビがこぞって報道している騒動なのである。

財務省は、「有識者会議を受けていろいろと検討しましたが」という体で、

「やっぱり増税が必要です」

と当然言ったし、**財務省に言われるがままの岸田首相もそれに乗った。**

しかし、安倍元首相の遺志を継ぐ安倍派の面々は大反対である。萩生田光一政調会長を筆頭に、高市早苗経済安全保障担当相、西村康稔経済産業相なども、閣僚でありながら慎重論を示した。

その後、議論は自民党政調会の税制調査会に持ち込まれた。国会が終わったタイミングであったため、自民党内でのバトルとなったわけである。

２０２３年２月時点では、岸田首相は国債に頼らず１兆円強の増税を含め約４兆円の恒久財源の確保をめざす方針を譲らない構えで、国会で論戦がされている。自民党内の最大派閥である安倍派などとの暗闘が続いており、増税時期はあいまいだ。

「防衛国債」で良い理由

ロシアのウクライナ侵攻を受けて国防費を上げた国の１つに、ドイツがある。これまでＧＤＰ比１・５％だった国防費を、２％超という水準に上げて維持するという方針を示した。

一方で、ドイツという国は、ガチガチの財政緊縮主義という一面も持っている。90年代にはＧＤＰ比２・７％であった国防費も、長年かけて減少させてきた。

そして、国債を発行することを良しとしない。つまり、「防衛国債」と銘打って国債を発行することはできなかったのだ。

そこで財源確保のために打ち出したのが、１千億ユーロ（約14兆円）の特別防衛基金である。

では、特別基金とは何だろう？

どこからお金が湧いてくるのだろうか？

実は、その財源は、国債なのである。おおっぴらには国債を発行できないので、特別基金という制度で、国債の発行をカモフラージュしたに過ぎない。

国防費を上げるために、ドイツは事実上、国債を利用したのだ。

言ってみれば、国債によって国防費の財源を確保した国は、世界にすでにあるということだ。

それならば、日本が「防衛国債」によって防衛費を確保してはいけないはずがない。

●日独の財政破綻確率は、ほぼ同レベル

さらにいえば、ドイツと日本の財政破綻確率は、今後5年間で約1％で、ほぼ同レベルである。

「ドイツは財政が健全だから国債を発行しても良い」と言う人もいるが、誤りだ。破綻確率が同レベル、つまり両国とも財政が健全なのだから、ドイツが「問題なし」なら我が国も「問題なし」で議論は終了、防衛国債を発行しても何ら差し支えないのである。

こういう話が、なぜ新聞やニュースには出てこないのか？

答えは明快だ。

増税したくてたまらない財務官僚にとって、「財政が健全」と言ってしまったら増税などできない。

「財政が不健全、逼迫《ひっぱく》している」と煽《あお》って初めて「だから増税が必要」と言えるからである。

「増税したい」は財務官僚の職業病

財務省がとにかく増税したがるのは、一言でいえば職業病だ。

財務省の役人たちは、お金を集め、配ることを仕事にしている。集める方を「歳入」という。これは主に税収や国債のことだ。使う方は「歳出」といって、どこにどれだけのお金を使うかを予算で決め、予算に従って配っている。これを「歳出権」という。

そして、財務省にとって重要なのは、お金を差配できる「歳出権」なのだ。分かりやすく言うなら、歳出権があることで、

「そういう態度なら、お金はあげませんよ。よろしいですか？」

といった実力行使を、やろうと思えばやれるということだ。

実際に実力行使などしなくても、チラつかせるだけで相手は震え上がる。歳出権というのは、それだけ絶大な権力なのだ。

ただ、お金を配るには、お金がなければいけない。歳入以上に予算を組むことはできないため、「歳入と予算は同じになる」という原理がある。

歳入をどうするかによって、どれだけお金を配れるかが決まる。

さらに、国会の審議にかかるのは、実は歳出についてのみだ。

「どういう根拠で歳入を決めたのか」を問われることはない。財務省におまかせ状態なのである。

財務省が歳出権を振るうポイントとなるのは、歳入、つまり次年度の税収がどれだけ見込めるかにかかっている。

実は、歳入を決めるための、次のような公式がある。

歳入（税収）＝経済の予測×税率

この式に数字を当てはめれば、歳入はほとんど分かる。公式自体を詳しく説明するのは専門知識も必要になり難しいので、こういうものだと理解して頂ければ充分だ。

経済の予測とは、要するに「どれだけ経済成長するか」の予測だ。

単純に考えれば、歳入、つまり税収を上げるためには、経済成長させるか税率を上げる必要があるということだ。

●経済成長による税収増は「おいしくない」

経済成長すれば、税収も増える。したがって、歳入はたしかに増える。

しかし一方で、社会保障や最近では防衛関係など、お金はあればあるだけ必要になってくるので、自動的に歳出も増えることになる（これは皆さんの家計も同じではないだろうか）。

これでは実質的に歳出権を拡大することにはならない。歳入も歳出も同じように増えるのだから、お金を差配する自由度（いわば影響力の比率）が増えるわけではない。たくさんお金が入ってきているんだから「使っていいよ」と言う側（財務省）に対して、言われる側がありがたみを感じにくい、逆に言えば財務省側が恩を売りにくいのだ。

つまり、財務省にとって、経済成長によって歳入が増えても、あまりおいしくないわけである。歳出権を拡大させるためには、経済成長だけでは不十分で、税率を上げることが必要なのだ。

しかし、考えてみてほしい。

税率を上げれば、経済成長にもブレーキがかかる。そのため、税収は減ると考えるのが基本だ。

つまり、「税率」の数字は上がっても、「経済の予測」が下がれば結果として歳入はあまり変わらないのでは……という疑問がわくかもしれない。

たしかに、基本的な考え方としては間違っていない。

ただ、予算を作成する場合、経済成長については、考察するのが複雑なので、いったん脇に置いて考えるのが一般的なのだ。

つまり、先の数式の「経済の予測」は、予算作成時には減らない。

したがって「税率」さえ上げれば、歳入（税収）はめでたく増えるぞ、という予算ができあがるのだ。

予算とは、あくまで1年間の予算だ。一方、税率を上げたことで経済成長に影響が見られるのは、およそ1年後くらいなのだ。税率の影響によって経済成長率が上がるか下がるかは、さまざまな要因が絡むので、簡単には予測できない。

だから予算を組む際には、

「税率を上げれば歳入が増える」

「税率を下げれば歳入が減る」

と、単純に計算することになっている。

また実際、これまでの歳入・歳出の動向を見ると、税率を上げれば経済成長は落ちるものの税収は増えることから、歳入は案外減らないことが多いのである。

だから、税率が上がったことを理由に、「経済成長率が下がるため、税収が減る」とは一概に言えないのだ。

税率を上げると、予算上の歳入が増える。

増えた歳入が、歳出権を増やす。

増えた歳出権により、財務省の権限が増す。

財務省が税率を上げることに非常に熱心なのは、これが理由である。

防衛増税の話も、まさに同じだ。

財務省は、別に「防衛国債」を発行したくないわけではないだろうが、それ以上に増税したいのである。より多くの予算を防衛費に割くことがすでに決まったのであれば、せっかくの機会だから増税を絡めたいのだ。

●不安はあおるが国債頼み

その証拠に、歳入が足りなければ、財務省はすぐに国債を出すよう政府にあの手この手で迫る。

普段から「財政再建」「財政破綻」と国民の不安をあおり、財政破綻の要因は政府が国債によって国民に借金しすぎているからというロジックを展開しているが、困ったときはすぐに国債頼みである。

私は常々いろいろな所で話しているが、そもそも、**「財政破綻」**や**「国債暴落」**はまっ

たく的外れである（4章で詳述する）。

とにかく増税したい。財務省の行動原理はそこにあるのだということを、読者の皆さんには忘れないで頂きたい。

恥ずかしくて世界に言えない「消費減税できない事情」

私たちに身近な税金といえば、消費税がある。

消費税は財務省にとって良い税制だ。

何といっても、徴税コストがとても安く、簡単に徴収できる。

また、店舗などに対しては仕入税額控除といって、売上にかかる消費税から仕入れにかかった消費税を引いて二重課税を避ける制度がある。これによって仕入れのごまかしが難しくなり、税金についても真面目に申告するインセンティブが働く。そういう意味で良い税制なのである。

税務当局が動かなくても、しっかり税を取ることができる。

ただ、日本の消費税は、実は大きな問題点を抱えているのだ。

コロナ禍において一時、街から人が消えた。日本の消費は激減し、消費税を減税すべしという意見も見られた。

ところが、政府は絶対にこれをやらなかった。

ドイツやイギリスなどは経済対策の1つとして、消費を喚起するために消費税減税をやることがあるが、日本は絶対にやらない。

なぜだ？　と思った方も多いだろう。

ご説明しよう。しないと言うより、「できない」が正しいかもしれない。

●禁じ手に手を染めた財務省

なぜできないかというと、消費税と社会保障を紐《ひも》付けてしまったからだ。

世界中、こんな間違った方法をとっている先進国はない。消費税を社会保障に使うのは、とんでもない間違いなのである。

社会保障とは、社会保険料によって運営されるものである。年金は年金保険料で、医療保険は医療保険料で行われるべきだ。

これらは「保険」だからである。

保険原理というものがある。

たとえば社会保障というのは、

「一部の人を助けるために、皆で負担しましょう」

という原理のもとに運営されている。

年金は、

「長生きの人には、先に亡くなった方の分を回しましょう」

医療保険なら、

「病気の人を、健康な人が支えましょう」

という考えのもと運営されているのだ。


そして保険は、厳密に保険料を徴収して運営されるのが、世界の常識なのである。

保険料をとる段階で、どのくらいの人が亡くなり、どのくらいの人が病気になって、どのくらいの人が長生きしているかが分かる。

人口統計は充実しているので、生命表が作れる。生命表とは、ある期間における死亡状況（年齢別死亡率）が今後変化しないと仮定したとき、各年齢の者が1年以内に死亡する確率や、平均してあと何年生きられるかという期待値などを、死亡率や平均余命などの指標（生命関数）によって表したものだ。これにより保険運営は、より安定させられる。**給付と負担を明らかにするのが、保険の大前提だ。だから、保険の運営を保険料以外の何か、つまり税に頼ってはいけない。つまり禁じ手だ。**

まことに恥ずかしい話だが、これを日本はやってしまった。財務官僚が狡猾に政府を騙《だま》したのである。

●増税だけが手柄、勲章

いったん騙してしまえば、あとは赤子の手をひねるようなものだ。

「消費税を減税してもいいですけど、社会保障の運営が厳しくなりますよ。それでもよろしいですか？」

と言われれば、政府が消費税減税に動くのは難しい。

増税したい財務省にとって、減税などもってのほかだ。

消費税は上がり続けるばかりで、景気が悪くなっても、「社会保障」を人質に取られ、政府は下げることができない。

財務省は非常にうまくやったのである。

悲しむべきことに、こうして我が国は、すでに20年以上継続して消費税を社会保障目的税にしてきてしまった。

これは「ごめんなさい」で済む問題ではない。

もちろん、制度として間違っているのだから正すべきだと私は思う。変えなければ、社会保障制度の運営を間違える危険性をはらんでいる。

もし政府自らこの間違いを認めれば、政権が倒れかねない大事になる。だから政治家には期待できないだろう。

財務省というのは、とにかく隙《すき》あらば増税したくてウズウズしている人間の集団だと考えてほしい。年がら年中、増税のチャンスをうかがっている。早く増税しないと自分の出番がなくなってしまうと焦っている。

彼らにとって、増税を実現することこそ成果であり、手柄、勲章なのである。

増税なしで増収できる方法

財務省が、大変嘆かわしいことだが、「増税だけが勲章になる組織」だという話をしてきた。

しかしそう言うと、

「日本の財政は大変な状況なのだから、増税もやむを得ないのではないか」

という、物分かりの良すぎる意見が噴出するかもしれない。

あるいは、そういうコメンテーターの声を聴くかもしれない。

はっきりここで否定しておこう。

税収を上げる方法は、税率アップだけではない。私は、漏れなく公平に税を徴収できるようにするためにはどうするかを考えるべきだと思う。

現状ではこれができていない。取るべき所から取れていないのだから、これを解決するのが先決だ。

社会保険料の徴収など、かなりずさんだ。小さい事業所など、従業員の給料から社会保険料を天引きしておいて、実際にはその分を納めていないケースが少なくない。いわゆる徴収漏れである。

その他にも、それぞれの税に徴収漏れが数多くある。これらをきっちり取れるようになるだけでも、ずいぶん税収は変わってくるだろう。

たしかに、ふた昔くらい前であれば、税収を上げるには税率を上げるのが普通だった。

しかし、それはもはや過去のやり方だ。

しかし前例主義に凝り固まった財務官僚は、未だに過去のやり方にこだわって、アップデートできていない。

かつては、消費税や酒税など、いわゆる商品やサービスに上乗せする形で徴収される間接税が上がると、税務当局は所得税や住民税といった直接税を下げることでバランスをとっていた。

最近は、マイナンバー制度が導入されたことから、システムを整えればどちらでも徴収できるようになっている。

直接税はもちろんだが、間接税も、**たとえば消費税なら簡易税率をやめ、すべてインボイスで漏れなく徴収できるようにすれば、かなり税収は上がるはずだ。**

インボイスについて、ここで詳しい説明はしない。ただ、消費税を導入している国であれば、たいていは当たり前にある制度だ。端的にいえば、しっかり漏れなく消費税を徴収するための制度だと思ってほしい。

ただ、こうしてテクノロジーや新しい制度を利用して上がった税収分は、これまで徴収漏れしていた分であり、新たに税を課した結果ではない。これまで正しく公正にやってきた人は、何ら痛手を負わない税収である。

すべての人から公平に、平等に税を取れば、税率はそのままでも十分に税収は上がる。不公平が是正されるのだから、こちらの方がずっと良いだろう。

しかし財務官僚は、税率アップにばかり気が向いているようだ。徴収漏れの話などには耳を貸さないのである。

「すべて電子マネー」で税収アップを！

税収を上げたいなら、不公平にずる賢《がしこ》くやっている人から取ればいい。「真面目に申告する方が賢い」という状況を作ればいいのである。

たとえば、電子マネーが一般化している現在ですら、領収書にこだわるのもおかしな話だと思えてならない。いちいち領収書をとっておくのも手間だし、かさばるし、集計するのも時間がかかる。

その点、電子マネーは利用すれば自動的に履歴が残るのだから、「これでいいじゃないか」といつも思うのだ。しかし私自身、税務署から「領収書を保存しておいてください」としつこく言われ続けている。面倒でしょうがない。

簡単で便利で確実なやり方がなぜ認められないのかといえば、そうでない方が得な人がいるからだろう。どうしても現金取引で、紙の領収書でやり取りしたい人がいるわけだ。

さらに言えば、財務省には「皆から漏れなく平等に徴収する」という発想がそもそもないのだろう。

政治家にもないのかもしれない。

自身が現金取引でやましいことをしていれば、「すべて電子取引にして、低い税率のまま、漏れなく公平に税を徴収する」などもっての外ということだろう。

思い返してみれば、かつて政治資金が問題になった政治家も、文書通信交通費の使い道について騒がれた政治家も、領収書は出さなかった。国民には領収書を出せとうるさく言うのに、自分たちは出さないのだから呆れた話、納税者をバカにした話である。

電子取引でやれば、取引の履歴がなくなることもないし、事務コストもかからず、管理もラクだ。良いことずくめである。

私は普段ほとんど電子マネーで取引しているし、領収書をわざわざもらうのも、とっておくのもいい加減面倒だ。政府も財務省も、そろそろ世界標準のテクノロジーに適応してほしい。

増税しなくても財源はここにある

前項までで、増税しなくても税収アップにつながる方法をお話しした。

昨年来、防衛費増額が取り沙汰されているが、私はいろいろな所で、

「増税しなくても財源はある」

と話している。

では、財源はどこにあるのかについて説明しよう。

大きく分けて５つある。この５つは、ロジカルに考えればこうなるという性質のものだ。なお、財務官僚であれば、この５つは知っている。

① 他の歳出カット

まずこれを考えるわけだが、他省庁に「予算をカットされるのは嫌だ」と反対にあうのと、捻出できる金額が少ないので、ほとんどお題目である。まずやらない。

② 建設国債の対象になっているかどうかを考える

②と③をどのくらいできるかがポイントになる。これができないと、だいたい⑤に行く。財務省は②、③にはほとんど触れずに⑤に持っていこうとしている。

②は、サッカーでいえば右サイドから攻めるやり方だ。自民党の保守系の人等が私に質問をしてくる。

建設国債といきなり言われても、唐突に感じる読者が多いだろう。

実は建設国債の対象には、さまざまなものが含まれる。予算編成時に、一般会計の予算総則の中にある「表」に書き込めればＯＫということになる。

これまで、どういうものが書き込まれたかを説明しよう。

たとえば、海上保安庁の船舶建造費。これが公共事業関係費として計上されている。「なぜ海上保安庁の船が公共事業なんだ？」と思われるだろうが、これはもう過去のいきさつからとしか説明しようがない。

ポイントは、**海上保安庁の船舶が入っているなら、海上自衛隊の船についてはここに入らないという理由は、ロジカルにはない**という点だ。

さらに、人工衛星の経費が書き込まれたこともある。

ちょっと考えてみてほしい。人工衛星とはどういうものか。

一番上に乗っかっているのは衛星だ。その下はロケットだ。

そして、ロケットとミサイルは、構造が同じである。**衛星を爆弾に置き換えれば、ロケットはミサイルになる。**

そして、**安倍元首相が言っていた「防衛国債」とは、ずばりこの建設国債のことである。**だから私はいろいろな所で、

「この建設国債でやるというのは、安倍さんが言っていた話ですよ」

と、話して回っている。

もっとも、財務省はこれについてもさまざまな理屈をこねくり回している。それこそディフェンダーが何人もくっついてくる。

③「その他収入（埋蔵金）」

これは少々複雑なのでここでは説明を省くが、野党の人等からの質問が多いので、いわば左サイドから攻める方法だ。

現状、財務省は医療法人については、やると言っている。これは2000億円、つまり0・2兆円だ。他に外為特会という話も出てきている。

ここも財務省のディフェンスが堅い。

④自然増収

これについては、確実性がないと財務省が消極的だ。

⑤増税

これこそ財務省の大本命だ。当面はつなぎ国債として増税に結びつけたいというのが財務官僚の戦略だ。

②あるいは③でゴールできれば、⑤の増税には至らないのである。

第2章

世界標準で見れば日本はインフレではない

——政府・日銀はインフレ対策より給料アップを!——

「日本はインフレではない」の根拠…GDPデフレーター

2022年から、燃料費や食料品などが値上がりし、「物価が上がった！」と散々騒がれている。

一般的に「物価が上がった」というときは、「消費者物価指数が上がった」という意味になる。実は、物価をどうやって測るかについては、さまざまな考え方と方法があるのだが、その中で最もよく知られているのが消費者物価指数だろう。

消費者物価指数とは、商品やサービスの小売価格の変動をもとに算出したものだ。一般的に、天候に左右されて振れ幅の大きい生鮮食品を除いた指数が使われる。

また、品目には輸入品が含まれていて、これが数字を左右しやすい。2022年のように資源高や円安になると、輸入品によって消費者物価指数の数値が大きくなりやすい。

ただ、これは知らない人も多いのだが、**消費者物価指数における食料品のウエイトは、**

実はそれほど高くない。およそ2割程度である。

ウエイトの低い品目のうち、いくつかが少し価格を上げたからといって、全体に影響を及ぼすかというと可能性は低い。

もちろん、１００や２００もの品目が同時に軒並み値上がりするというのであれば話は別だが、あらゆるものについて価格の動向を見なければ、物価上昇は判断できない。

２０２３年2月24日、総務省は２０２３年1月の消費者物価指数（生鮮食品を除く総合指数）は前年同月比４・２％の上昇であったと発表した。この上昇にも、先のような影響があったものと考えられる。

ただ、物価を把握するのは難しい。どのように測るのがいいかについては、経済学において昔から議論されてきた。

私たちの身近にあるスーパーやコンビニで売っているものだけで判断するのか、企業間取引によって売り買いされるものまで含めるのかなど、どこで線引きをするかによって、物価の数値は当然、変わってくるからである。

物価の指標となる数値は、いくつもある。

私はもちろん消費者物価指数も見るし、GDPデフレーター（後述）の数値も見る。1つの指標だけ見て判断できるものではない。

消費者物価指数1つとっても、商品やサービス全体をまとめた数値とは別に、価格の変動が激しい生鮮食品やエネルギー商品を除いた数値もあるから、どちらも参考にして考える。

物事を1つの指数だけ見て鵜呑みにしてしまうと、実態が見えてこないことは多い。

●「GDPデフレーター」で測るのが世界標準

学問的（経済学）にいえば、国内で取引される商品やサービスすべてを対象にするのが最も物価としてふさわしいと、グローバルな常識として考えられている。

これを「GDPデフレーター」という。

あまり耳慣れない言葉かもしれない。それもそのはず、日経はじめ新聞にもニュースにもほとんど登場しない。

理由は後で説明しよう。

●名目ＧＤＰと実質ＧＤＰ

ここでＧＤＰについて説明しよう。

ＧＤＰには、名目ＧＤＰと実質ＧＤＰがある。

名目ＧＤＰとは、ＧＤＰを市場価格で表したものだ。

その年に生産された商品やサービスの市場価格に、生産量をかけたものを、すべて合計して算出する。

簡単に説明すると、今年、１００円のおにぎりが１万個売れれば、売上は１００万円になる。各品目の数値をこうして算出し加算していくわけだ。

１００円×１万個＝売上１００万円…名目ＧＤＰ（２０２３年）

では実質ＧＤＰはというと、こちらは物価の変動を差し引いて考える。

１個１００円のおにぎりが、翌年１１０円に値上がりし、同じく１万個売れたとしよう。このとき、名目ＧＤＰは、

１１０円×１万個＝売上１１０万円…名目ＧＤＰ（２０２４年）

となる。

しかし、実質ＧＤＰは10円の値上がりを考慮しない。

つまり、

１００円×１万個＝売上１００万円…実質ＧＤＰ（２０２４年）

となり、昨年の数値と変わらないことになるのである。

いっぽう、次の年には１１０円で９千個売れたとすると、

１００円×９千個＝売上90万円…実質ＧＤＰ（２０２５年）

となる。

シンプルに言えば、**名目ＧＤＰからは物価変動の影響を、実質ＧＤＰからは数の変動の影響を見ることができるわけだ。**

そして、これら名目ＧＤＰと実質ＧＤＰの比率、つまり

名目ＧＤＰ÷実質ＧＤＰ×１００

が、ＧＤＰデフレーターの数値となる。

学問的には「物価の動向は、ＧＤＰデフレーターで見るのが最もふさわしい」と言ったが、ではなぜ実際に消費者物価指数ではなく、ＧＤＰデフレーターのデータを使わないのだろうか？

それは、この数値を算出するのに少々時間がかかるためだ。

名目ＧＤＰと実質ＧＤＰの数値は、４半期ごとに内閣府が発表するＧＤＰ統計と同時に分かる。つまり、３カ月に1回というスパンでしか測れない。

一方、消費者物価指数は毎月、総務省から発表される。スパンが短い方が、一般向けにはやはり使い勝手がいい。ＧＤＰデフレーターの方が正しい数字だ、と言われつつも消費者物価指数が使われるのは、このためである。

名目ＧＤＰの数値を、実質ＧＤＰの数値で割って１００をかけるとＧＤＰデフレーターの数値が算出できる。そして実質ＧＤＰ（分母）より名目ＧＤＰ（分子）の値が大きいとき、「インフレ率が高い」という見方をする。

図①　GDPデフレーター

[デフレーターの動向]

1）四半期デフレーター季節調整系列（注）（前期比変化率）

GDPデフレーターは、1.1%（7～9月期は▲0.5%）となった。

国内需要デフレーターは、0.7%（7～9月期は0.6%）となった。

財貨・サービスの輸出デフレーターは0.3%（7～9月期は3.1%）、財貨・サービスの輸入デフレーターは▲0.9%（7～9月期は6.3%）となった。

（注）四半期デフレーター季節調整系列＝（名目季節調整系列 / 実質季節調整系列）×100

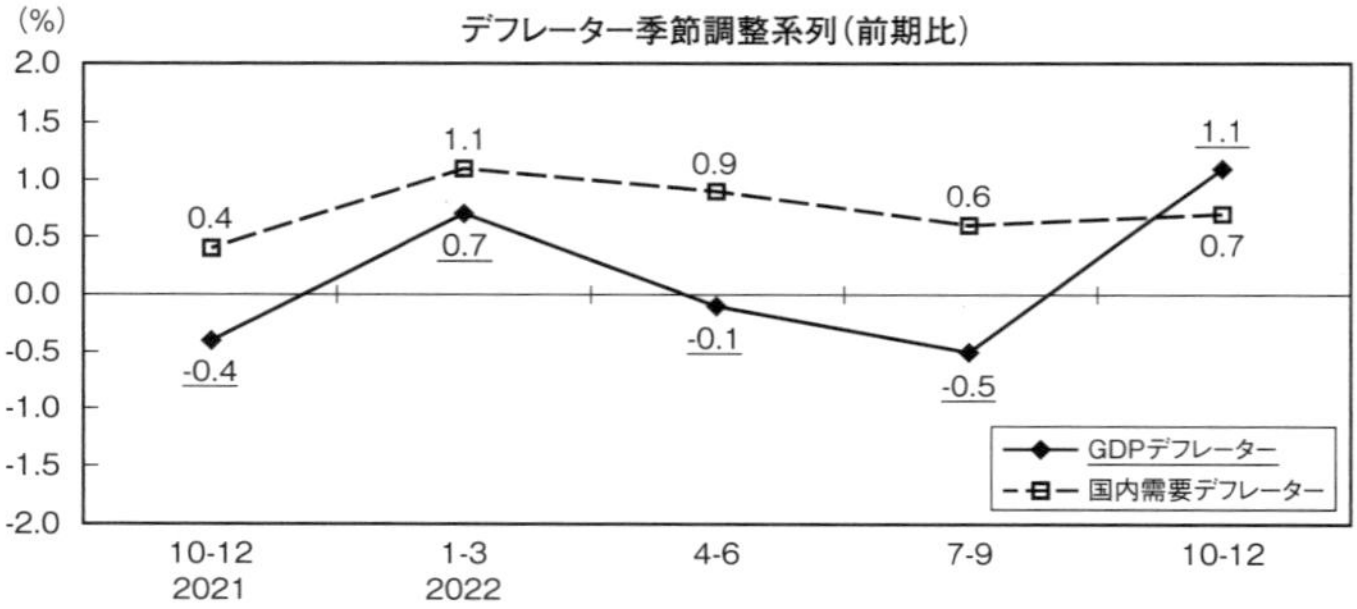

2）四半期デフレーター原系列（前年同期比変化率）

GDPデフレーターは、1.1%（7～9月期は▲0.4%）となった。

国内需要デフレーターは、3.3%（7～9月期は3.2%）となった。

財貨・サービスの輸出デフレーターは13.5%（7～9月期は16.8%）、財貨・サービスの輸入デフレーターは21.8%（7～9月期は31.9%）となった。

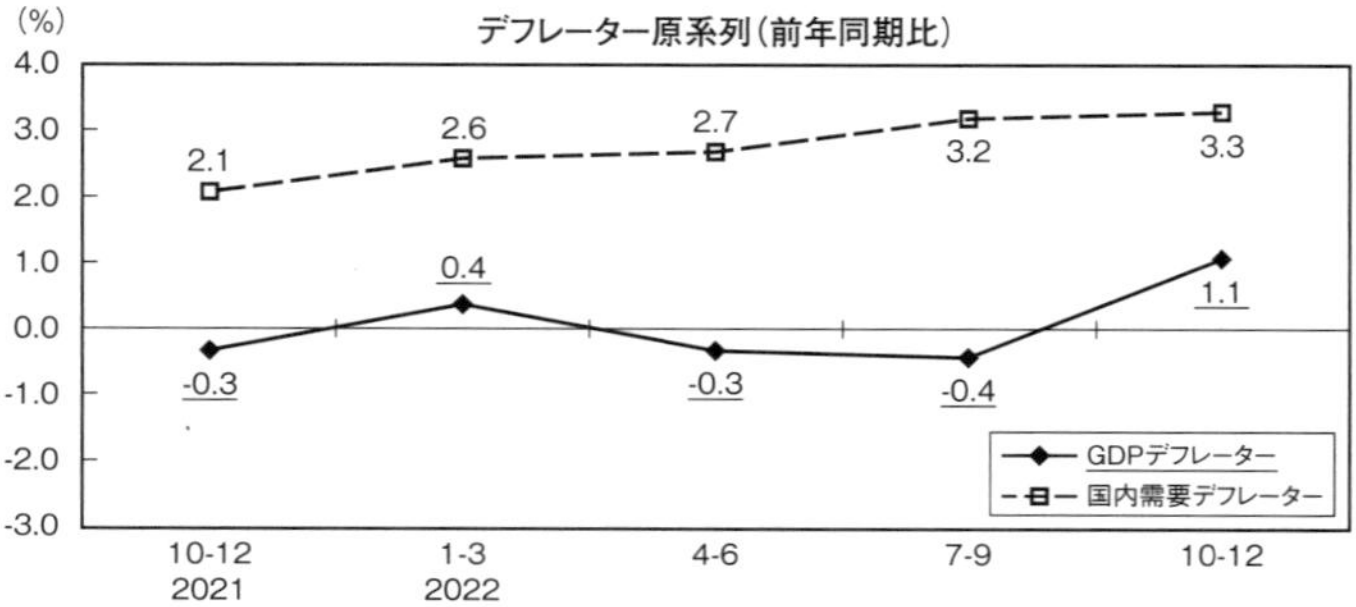

（資料）内閣府

では、ここ最近のＧＤＰデフレーターの動きを見てみよう。

図①の実線の動きがこれに当たる。

ちなみに、破線のグラフは、「国内需要デフレーター」の数値を表している。これも物価の動向を表す１つの指標だが、詳しく覚える必要はない。「消費者物価指数の値に近くなる」ということだけ知っておいてもらえれば良い。

ＧＤＰデフレーターと国内需要デフレーターの数値には、いつも１％くらいの差がある。また、図に表した期間においては資源価格が高騰していたことから、その差が少し大きくなっている。

●消費者物価指数は３％超でも「ＧＤＰデフレーターは１・１％」

見てもらえれば分かるが、国内需要デフレーターは４％に近づいているものの、ＧＤＰデフレーターの値は、１・１％だ。

私は日頃から、

「消費者物価指数が３～４％台のうちは、金融緩和をやめてはいけない」

と言ってきたが、その根拠はこの数値だ。

大事なことなので繰り返すが、GDPデフレーターは1・1%なのである。つまりインフレではない。

これが世界標準の見方なのだ。

では、どのくらいまで上がればインフレと言えるのかというと、GDPデフレーターが「(プラス)2」くらいだ。

先に述べたが、これ以上物価が上がると、失業率はそれ以上下がらないのに物価だけが上がっていくことになる。

したがって引き締めが必要ということになるのだ。

ちなみに、GDPデフレーターの数値は、アベノミクス以前はひどく、「マイナス2」まで落ち込むこともあった。その頃に比べれば、少しずつ上ってきてはいる。

ただ、もうお分かり頂けただろうが、まだ上がり足りない。

日銀は実質的な金融引き締めに転換したが、時期尚早にも程がある。まだまだ金融緩和を続けるべきなのである。

図②　日米欧のインフレ率の推移

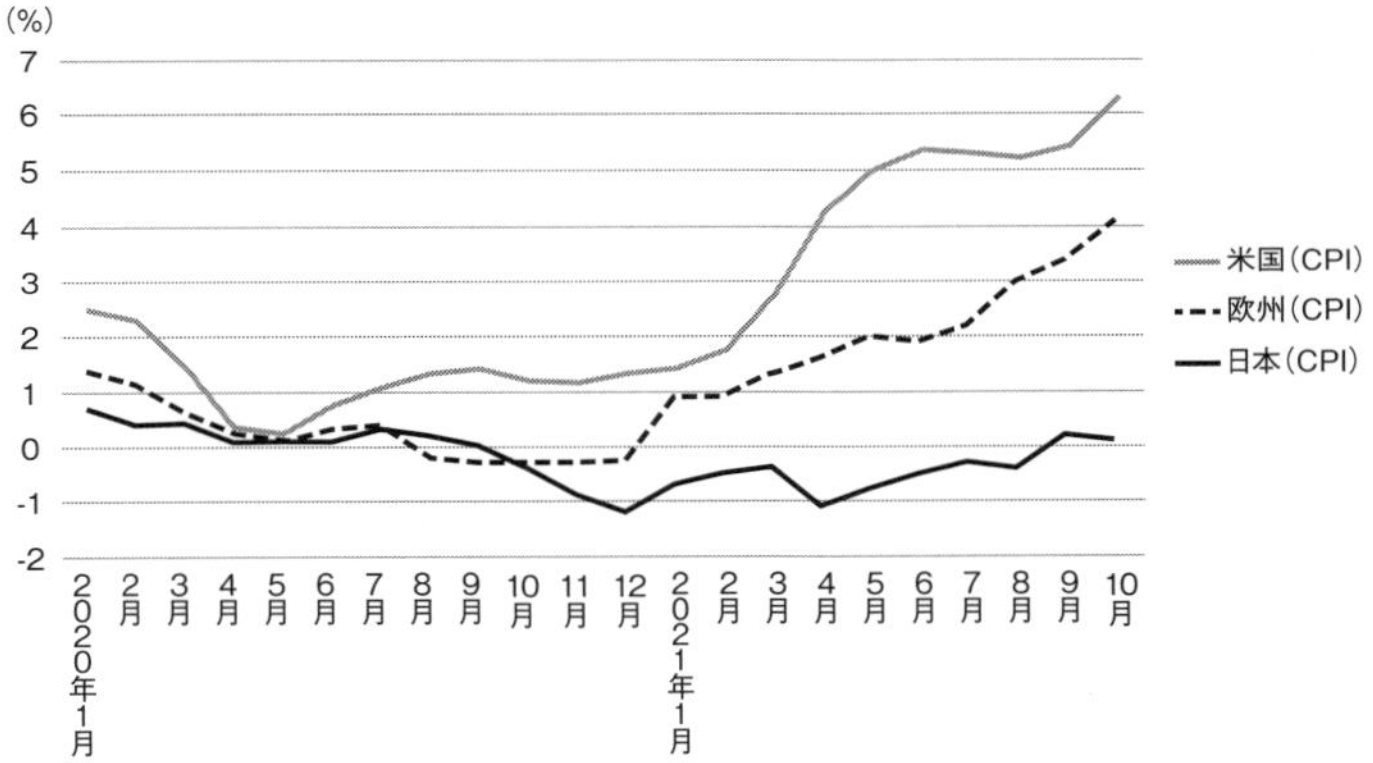

（資料）日本「総務省」、米国「労働省」、欧州「Euro Stat」

もし納得できないという人がいたら、次の図をお見せしておこう。

物価上昇率が上がっているかどうかは、インフレ率で分かる。

この図は、日本、米国、ユーロそれぞれについてのインフレ率の推移を表したものだ。

米国、ユーロは２０２０年末くらいから上がり始め、２０２１年10月ごろには、インフレ率は米国が６％、ユーロが４％にまでなっている。いっぽう日本は、多少上下することはあっても平均すればほぼゼロのまま。インフレ率は上がっていない。

●「肌感覚」で判断する危うさ

しかし、こうしてロジカルな説明を試みても、なお納得しない人がいる。

いわく、

「それは私の肌感覚とは違う。実態を表していない統計なんじゃないか」

と言うのだ。驚いてしまった。

人間はしょせん、自分を中心とした「半径2メートル」くらいしか見えていない。「皆がこう言ってる」と言う人に詳しく聞いてみると、「皆」とはたった3人、しかも同じ職場の人だったりする。より遠くまで思考や想像が及ばない。その狭い世界から生まれるのが、「肌感覚」とやらだ。

「この人は自分と相性が合うかな？」というのを見極めるための「直感」は、もちろん私も否定しない。しかしそれを経済に当てはめられたら、たまったものではない。

だから、統計が必要なのである。**物価上昇も、インフレ率も、「肌感覚」では正しいことは見えてこない。統計を駆使して数字で把握するのが一番確実なのだ。**

「インフレはイヤ」「でも給料上げろ」という無いものねだり

２０２２年から、たくさんの商品が次々と値上がりしている。一般家庭のお財布事情に打撃を与える事態だったことは間違いない。

もっとも、値上がりそのものは、経済学的に見ればあくまで妥当なものだった。

どういうことかというと、コロナ禍において、経済活動はずっと押さえつけられてきた。人々は長い期間、家にこもって過ごしたため、バスの便数が減らされた。旅行にも行けず、航空会社は便を減らさざるを得なかった。

しかし、ワクチン接種の広まりもあって、行動規制も次第に緩和されていった。ポストコロナで経済はじわじわと戻っていったのである。

コロナ前ほどではないにしろ、出かけたり、会食したり、打合せや会議を対面でもできるようになった。

人が動けばエネルギーの消費が増えるから、ガソリンが値上がりした。

商品がたくさん売れるようになり、価格も上がった。

停滞していた経済活動が活発化していく中で、物の値段が上がっていくのは普通のことだ。

しかし、一連の流れについての説明はされず、ただ「物の値段が上がった」ことだけがフォーカスされていった。ほんの一部だけを切り取って、全体を見ている気になっている人が多すぎた。

2022年はロシアのウクライナ侵攻によって、燃料や資源、食料品（小麦製品）など、種類によっては入手が難しくなるものもあった。これが原因でさらに値上がりする例もあり、より厳しい状況になったという側面もあっただろう。

ただ、それまでは「デフレは問題だ」と言っていたのに、ちょっとでも何かが値上がりすると「庶民に大打撃」と大騒ぎしてみせるマスコミにはうんざりしたものだ。

●インフレにならないと給料は上がらない！

そもそも、物の値段が上がらないことには、給料も上がらないことをご存知だろうか。

物価上昇が賃上げに反映されるまでに多少時間はかかるが、物価の上昇と給料の上昇は、基本的にパラレルなのだ。

だから、２つに関する情報は関連づけて報道しなければ、正しいことは伝わらないのである。

「物価上昇は、けしからん」

と怒りながら、

「日本だけ給料が上がっていないではないか」

では、筋が通らないのだ。「朝から晩まで好き放題に食べまくりながらやせたい」と言っているのと同じだ。

インフレなくして、給料は上がらない。

総理が企業に賃上げを要請するに及び、私は天を仰いだ。

財政政策によりインフレの状況を作れば、給料は上げられるのだ。利上げや増税という正反対の政策を、財務官僚に言われるがままに始めておいて「賃上げを」など矛盾もいいところ、笑止千万である。

インフレ率が2%に近づいていくと、賃金の上昇率は3%に近づいていく。過去の例を見ると、少し時期がずれることはあるが、基本的には2つが並行して上がっていく。そして、インフレ率より、賃金の上昇率の方が少し高い。これは普通のことだ。ところが、両者をリンクさせて考えない人があまりに多い。

さらにおかしなことに、

「インフレ率2%を達成していないじゃないか！」

と怒っていたマスコミが、

「物価が上がりすぎている！」

と、やっぱり怒るのである。


一体どうしたいのだろう？　あまりにちぐはぐなのだが、その滑稽さに自分ではまったく気づいていない。

こういう情報が、「権威ある経済紙」に堂々と載っている。テレビでも流れてくる。それを見ているだけでは、「経済なんて分からない」と思うのは当然だろう。正しい情報に触れた人だけが、状況をしっかり見極められるのだ。

賃金が上がらないのは日銀と「ハイパー野郎」の責任

日本はここ20年近く、賃金が上がっていない。

逆に世界の国々では、だいたい10年くらいで賃金は２倍近くに上がっている。

他国は上がっているのに、日本だけ上がらない（図③）。

一体なぜなのだろうか？

この点について正確に理解するには、やはりＧＤＰについて正しく押さえておく必要がある。

ご存知のように、ＧＤＰとは国内で生産されたモノやサービスの付加価値を表す国内総生産のことだ。

「名目ＧＤＰ」は、その生産数量に市場価格をかけて生産されたものの価値を算出し、すべて合計することで求める。

一方、ここから物価の変動による影響を取り除いたものを「実質ＧＤＰ」という。

図③　ＯＥＣＤ加盟国の平均賃金の推移

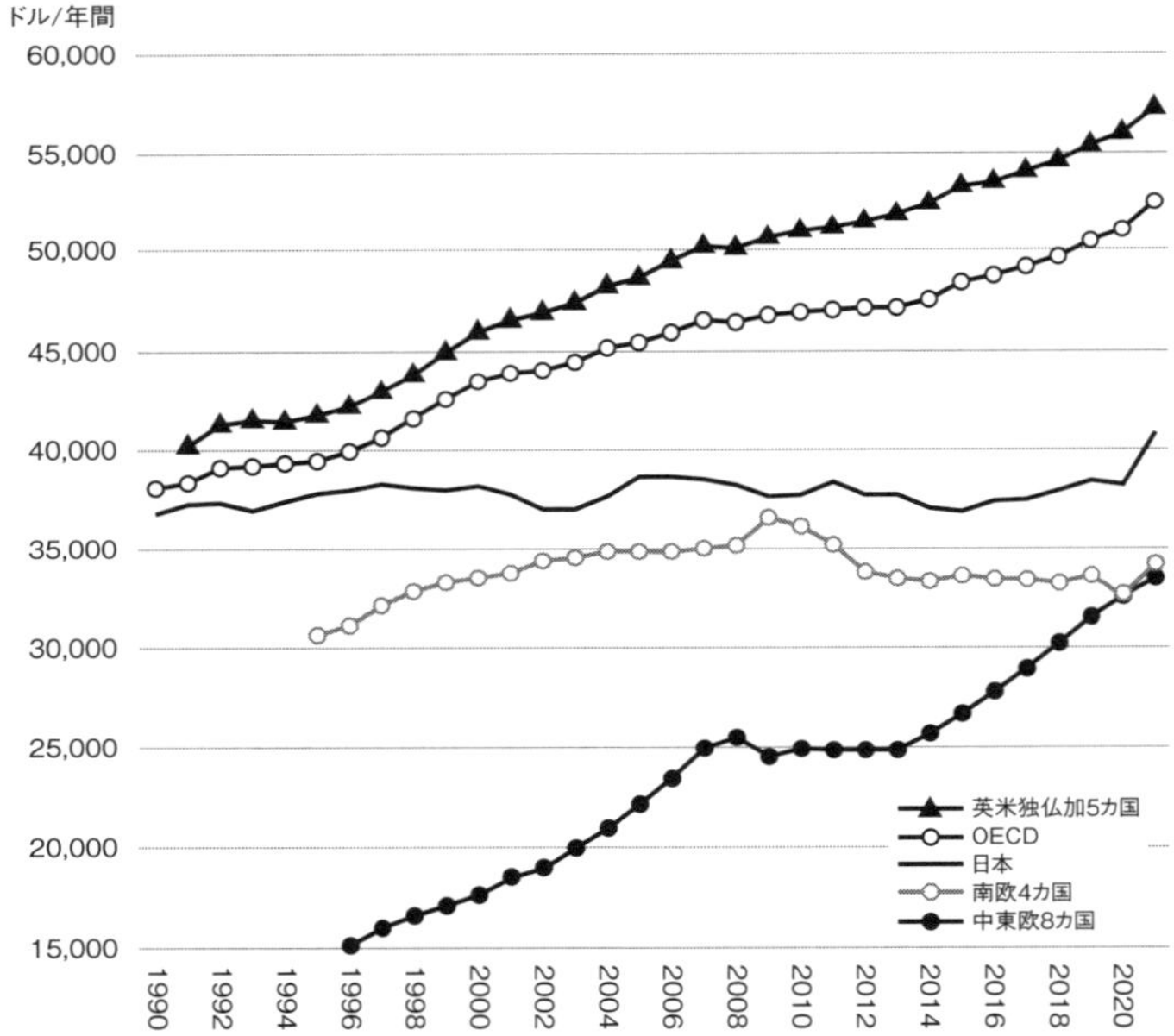

南欧4カ国＝イタリア、スペイン、ポルトガル、ギリシャ
中東欧8カ国＝リトアニア、スロバキア、ハンガリー、チェコ、ラトビア、スロベニア、エストニア、ポーランド

出所：OECD

名目ＧＤＰは、世界１９６カ国のうち、日本だけがこの20～30年、ほぼ横ばいになっている（図④）。

なぜ日本だけ横ばいなのか。

逆に言えば、日本以外の国の名目ＧＤＰが上がっているのは、どのような要因によるものなのか。

もし関連する要因があるのなら、その要因を横軸に、名目ＧＤＰを縦軸にとって20～30年分のデータを基にグラフを描けば、おおよそ右肩上がりの線を描くはずである。

そこで、考えられるさまざまな要因の一つひとつについて、これを横軸に、縦軸に名目ＧＤＰをとり、20～30年にわたる推移をすべて検証したところ、１つだけきれいな線を描く要因を見つけた。

それは、「お金」の伸び率である。

つまり、世の中に出回るお金の量が増えるほど、名目ＧＤＰの数値も伸びることが分かったのだ。世界１９６カ国すべての30年分のデータを調べたところ、この２つの関係性は明白であった。

名目ＧＤＰの伸び率は、お金の伸び率で決まる。

図④　名目ＧＤＰの推移

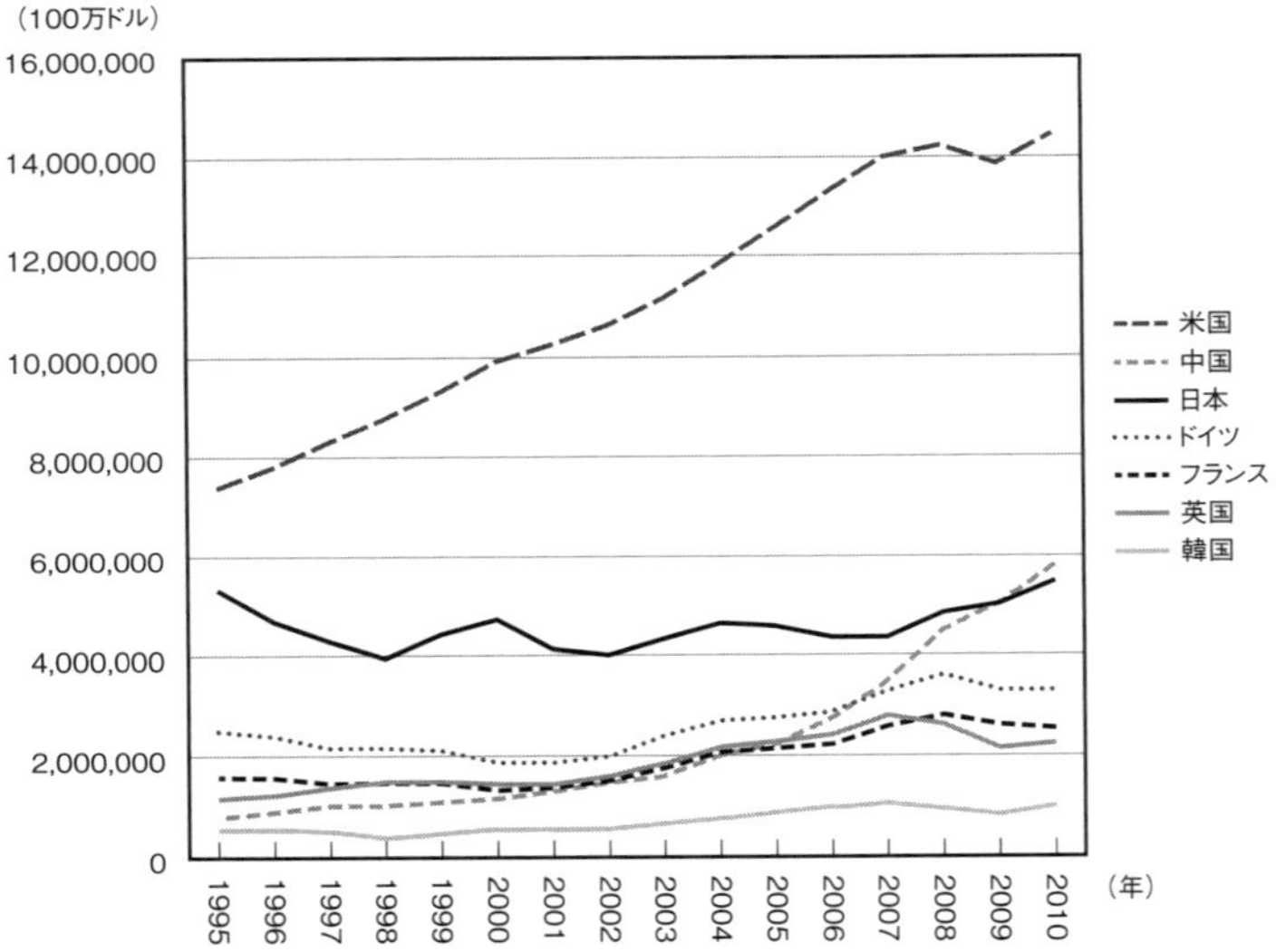

出所：内閣府

では、お金の伸び率を左右しているのは誰なのか？

日銀である。

つまり、日本の名目ＧＤＰが低いのも、給料が上がらないのも、ぜんぶ日銀が原因なのだ。

ちなみに、お金の伸び率についても各国がデータを出しているが、これらを比較して順番を並べると、日本は世界でほぼビリだ。

お金の伸び率でビリ。

だから、名目ＧＤＰの伸び率でビリ。

その結果、賃金の伸び率もビリ。

これが日本という国なのである。

そして、お金をどれだけ刷るか刷らないかは日銀の管轄なのだから、全部、日銀に原因があるのだ。

●日銀に引き締めを迫る財務省・マスコミの愚かさ

原因が分かったのだから、解決策は単純明快である。給料を上げるためには、日銀にたくさんお金を刷ってもらえばいい。

実際、日銀総裁の黒田東彦氏も最初は頑張っていた。強力な金融緩和策を何度も打ち出し、「黒田バズーカ」なる言葉まで生み出したほどだ。

だが、それでも足りなかった。

そもそも20年以上、日本のお金の伸び率は悲惨な状況だったのだ。**20年サボり続けたものが、数年で挽回できるはずがない。**もっともっとやれば良かったのだが、黒田総裁の勢いも尻すぼみになってしまった。

さらに邪魔をしたのがマスコミである。

日銀が金融緩和策としてお金を刷るたびに、

「このままではハイパーインフレになる！」

と、散々に騒ぎ立てた。

結果を見てみればいい。この30年、日本がハイパーインフレになったことなど一度もない。お金を刷れば条件反射のように「ハイパーインフレ」を連呼し始める「ハイパー野郎」たちは、全員間違え続けているのだ。

そもそも日本は、長年デフレ下にあったのである。**デフレを脱却しようとしている最中に、ハイパーインフレの心配をすることのちぐはぐさが分からない人間が多すぎる。**

しかも、論理的に破綻していることを著名ジャーナリストが、さも正しそうに知識人ぶってテレビで言うから困ったものだ。

結果的に、日本の賃金は長い間上がらず、日本は貧しくなっていった。

ウソをばらまいたマスコミ、そして間違った見解を垂れ流した「ハイパー野郎たち」の罪は重い。

インフレ率と失業率との関係を押さえる…フィリップス曲線

日本は世界標準で見ればまだインフレとは言えない、その根拠は「ＧＤＰデフレーター」だ、という話をしてきた。

インフレ率について考えるとき、同時に考えるべきは、**失業率**である。

たとえば、景気が良くなると物価が上がりやすくなる、つまりインフレ率が高くなる。一方で、雇用が増えるため失業率は下がる。

逆に、景気が悪くなれば物価は下がり、インフレ率も低くなる一方、雇用も減るので失業率は上がる。

インフレ率、または物価と言い換えてもいいが、これと失業率はとても密接な関係にあるわけだ。

こうした物価と失業率の関係を**「フィリップス関係」**と呼ぶ。その関係性を表す図を**「フィリップス曲線」**という（図⑤）。経済学部の学生であれば必ず教わる非常に有名な関

図⑤　フィリップス曲線

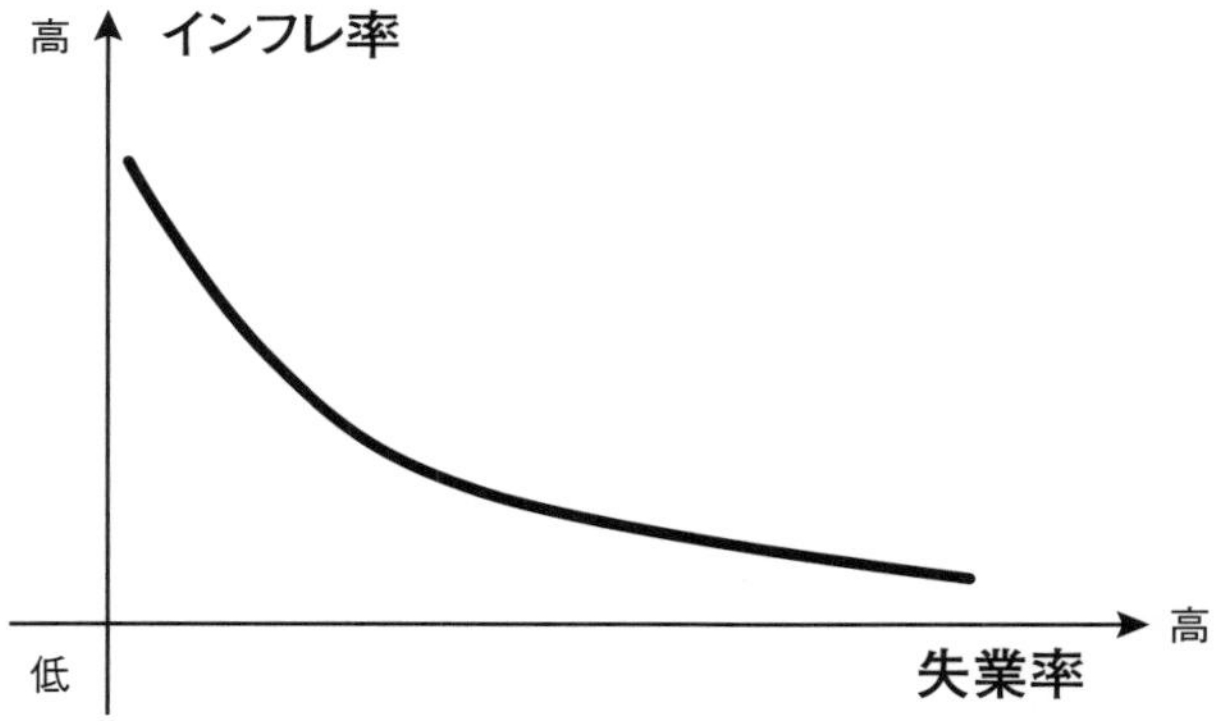

係性である。

インフレ率が高いとき失業率は低く、インフレ率が低いときに失業率は高い。このように、**物価と失業率は反比例の関係にある。**

この関係性は、どこの国であっても当てはまる。

さらに重要な点は、失業率はゼロにはならないということだ。

悲しいことだが、景気が良かろうが悪かろうが関係なく、仕事と個人のマッチングがうまくいかない例は必ず出てくる。

日本の場合、もっとも失業率が低くなるときで２・５％くらいだ。

この失業率の最低数値だけは国によって差がある。米国であれば4％くらいで下げ止まってしまう。

インフレ目標を考えるとき、失業率がどのくらいの数字で最低になる国なのかを考慮しなければいけないのである。

●「インフレ目標2％」と「遠足のおやつ300円」

金融緩和を進めてインフレ率がどんどん上がれば、失業率も下がっていく。

ただ、先ほどふれたように、失業率はある程度のところまで、日本であれば2・5％くらいまで下がったら、それ以下には下がらない。引き続き金融緩和を続けても、失業率はそのままで、ただインフレ率が上がっていくだけだ。

それでは意味がない。

では、失業率が下げ止まったときの、一番低いインフレ率はどれくらいかというと、それが2％なのである。インフレ率が3％になろうと4％になろうと、失業率は2・5％のままだ。

景気は頭打ちなのに、物価ばかりが上がるという状況になるのは好ましくない。それなら、インフレ率は２％に留めておいた方がいい。
つまり、「インフレ目標２％」について正しく解釈すると、「失業率がもっとも下がるときまでに、許容されるインフレ率は２％まで」ということだ。
「インフレ率を２％まで上げなくてはいけない！」ではなく、**「インフレ率２％までなら『失業率はそれ以下には下がらないのに、物価だけが上がる状況』にはならないのでＯＫ」**という意味なのである。

昔、学校の遠足で「おやつは３００円まで」と言われたことがある人は多いかもしれない。そのとき、なぜか「３００円ギリギリまで買わなくては」と躍起になった記憶はないだろうか。「インフレ率２％」の誤解は、幼い頃のあの脳内変換にどこか似ている。おやつなら無害だが、インフレ率については正しく理解してほしい。

しかし、多くのマスコミや経済ジャーナリストが、「インフレ目標２％」の意味するところを勘違いしているようだ。

このように説明すれば、「インフレ目標2%を達成できなかった」という理由で、金融政策を失敗と決めつけるのは間違っていることが分かるだろう。

先に見るべきは失業率の数値なのだ。仮に充分に下がっていたのであれば、インフレ率が2%に至らなかったとしても問題はないのである。

インフレ率と失業率。両方の動きを見ながらハンドルを切るのが、いわゆる金融政策なのである。

「金融引き締めでなく緩和が必要」と一目で分かるグラフ

すでにお話ししたが、今の日本に必要なのは、金融緩和であるのは間違いない。それをさらに分かりやすく説明するために、図⑥を見てほしい。

先に紹介したフィリップス曲線に、私が手を加えたものだ。

縦軸に失業率、横軸がインフレ率、曲線がフィリップス曲線である。

日本において失業率が最も低く、かつGDPデフレーターで測ったインフレ率が最も低くなるのは、およそ2%のところである。図中に「黒丸」で示しているところだ。

NAIRUとは、Non-Accelerating Inflation Rate of Unemployment の略だ。平たく言えば、「これ以上インフレ率が上がっても、もうこれ以下には下がりませんよという失業率」、言い換えれば、「ここからもっとインフレ率を上げると、(失業率は) 下がらないのに物価だけ上がっていきますよという失業率」のことである。

GDPデフレーターで測ったインフレ率が2%より低いとき、つまり図の黒丸より左に

図⑥　フィリップス曲線と金融・財政政策

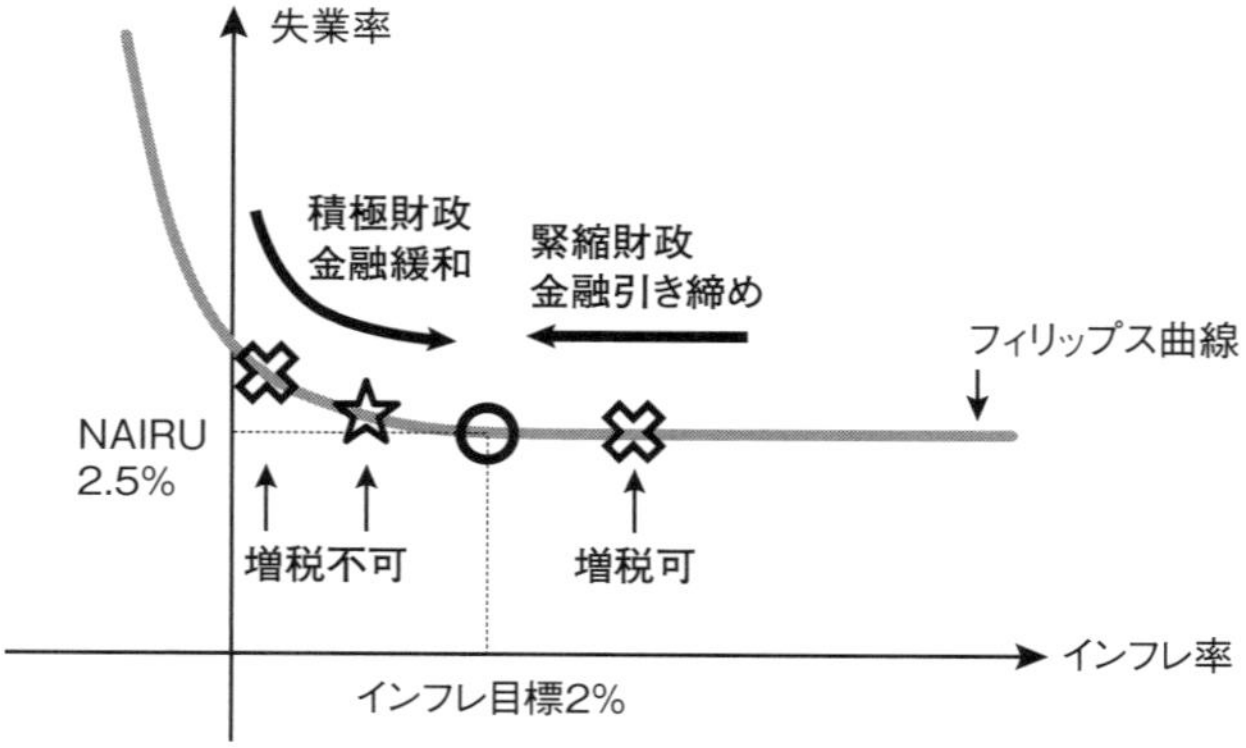

ある場合、消費者物価指数は上がっていても、失業率を下げるのが最優先だ。

したがって、インフレ率を上げる、つまりグラフの右方向に推移する状況を作るのが正しい。金融政策としては積極財政、金融緩和が適正だ。増税などもってのほかである。

もし、この時点で緊縮財政、金融引き締めを行うとどうなるか。インフレ率は下がり、失業率は上がってしまうのだ。「黒丸」（インフレ目標2％）から、左側へ遠のいてしまう。デフレに逆戻りするということだ。

逆に、インフレ率が2％より高いとき、つまり、状況が図の「黒丸」より右側にあるときは、インフレ率を下げて黒丸に近づけていく必要がある（インフレ率を下げても失業率は上がらない状況にあるからだ）。

つまり、緊縮財政、金融引き締めを行わなければならないということだ。

●完璧に理解していた安倍元首相

このように、「黒丸」を目標に置いて、現状がその右にあるか左にあるかによって、とるべき金融政策は決まるのである。

まさにアベノミクスはこれを実行したものであった。複雑なものではまったくなかったのだ。「インフレ目標2％」を基準にして、現状を把握し、とるべき政策を選んでいった。

これが本当の経済・財政政策なのだ。

私は、当時首相であった故安倍晋三氏にこのグラフを示して、何度も繰り返し説明した。安倍氏は完璧に理解していた。

ちなみに、この図に2023年2月時点（2月14日公表）での日本の数値を当てはめるなら、GDPデフレーターは1・1％なので、☆の位置になる。もし安倍氏がご存命なら、2022年末に行われた日本銀行の実質的な利上げなど、決して許さなかっただろう。

「物価指標の経済学的常識であるＧＤＰデフレーターで見れば、日本はまだインフレではない」

「フィリップス曲線で見ても、現状の日本に必要なのは金融緩和であり、引き締めではない」

――こういった記事を、なぜ新聞各社は書かないのだろうか。

１つには、残念だが説明できるほどマスコミの人間は賢くないし、そもそもＧＤＰデフレーターという言葉を知っている人間もそういないからだろう。

先のグラフなど、内閣府のＨＰを見れば誰でも確認できるのだが、見たところでどう判断すればいいのか言葉にできる人間は少ないに違いない。

それから新聞においては、金融機関が広告主にいる新聞もある。その場合は絶対に言わないだろう。

金融機関は政府に利上げをしてもらって、貸し付けた相手から利子をたくさんもらいたいのだ。その意図を汲んで、新聞も「利上げするな」とは言わないわけである。

皆さんは、そういう背景で歪《ゆが》められた情報に踊らされてはいけない。

ノーベル賞学者・クルーグマンの「4%でOK」の真意

現状の日本は、コロナショックがあったので、まだ最低の失業率を達成できていない状態である。また、インフレ率でいえばＧＤＰデフレーターが１・１％である（２０２２年10～12月）。

同年７～９月は、マイナスだった。こういう状態のとき、必要となるのは「高圧経済」だ。

高圧経済とは、経済の成長や回復のために、基準を少し超えるくらいの経済成長でも容認するという考え方である。

具体的に言うと、今の日本がインフレ目標を２％に定めていることは何度も話したが、「例外的な経済状況に免じて、この基準を３％、もしくは４％くらいまで引き上げても良い」ということだ。

ノーベル賞学者のポール・クルーグマンも、

「こういう状況（インフレ率がマイナスという状況）なら、インフレ率4％くらいまで上げてもかまわない」

と言っていた。

クルーグマンいわく、

「『インフレ目標2％』にこだわると、たいていは2％に届く前にビビッて金融引き締めを行ってしまう。

しかし、『インフレ目標4％』と定めておけば、2％を多少超えたとしても慌てることがない。その方が良い結果、つまり先ほどの『フィリップス曲線』の『黒丸』に近づく結果につながる」

というのだ。

バブルは、文句のつけようがない「超優秀な経済」だった！

「マスコミに踊らされないために」という話の続きとして、２０２２年に急激に進行した円安に触れておこう。

２０２２年10月ごろ、円安が進行して１５０円台が見えてきたとき、マスコミはこぞって大騒ぎした。

特に騒いだのが日経新聞である。

なぜ日経新聞が「円安憎し」のスタンスを貫くのか、その背景を先にお話ししておこう。

実は日経新聞はこれまで、中国への進出を推してきた。

企業が中国に進出するとしたら、円高の方がやりやすい。より少ない資金で投資できるからだ。

ところが、ここにきて円安になってしまった。本社から設備投資などの資金を中国に送るさい、それ以前よりも資金が大量に必要になる。かといって、既に中国進出した企業が日本に戻ろうとしても難しい。このあたりは説明が長くなるので詳細は省くが、中国は資本規制が厳しく、容易に国外退出できないからだ。

進出した企業からすれば、「2階に上げてハシゴを外された」と思っても仕方がない状況というわけだ。それはまずいということで、日経新聞は、円安を悪者に仕立て上げるしかないのである。

●「日経新聞のバブル叩き」こそ叩かれるべき

日経新聞がやらかしたのは、何もこれが初めてではない。

特にひどかったのが30年前、

「バブルは悪だ」

と、煽りに煽ったことだ。その結果、日本銀行がバブル潰しのために金融引き締めを行ったのである。

2022年に円安が進行したときも日経新聞は、

「32年ぶりの円安」

と、円安が悪いことであるのは議論の余地などないかのように書き立てたし、テレビの報道も決して歓迎ムードとは言えなかった。

不思議でならない。

本当に円安は悪いことなのか、疑問に思う人はいなかったのだろうか？

32年前といえば１９９０年である。このときの経済状況がどのようなものだったか、分かりやすく数字で表してみよう。

・失業率　２・１％
・名目ＧＤＰ（前年比）＋７・６％
・実質ＧＤＰ（前年比）＋４・９％
・インフレ率　３・１％

いかがだろう。

まったく文句のつけようのない数字が並んでいる。バブル期の経済に成績をつけるなら、「文句なしの優」「首席クラスの優」である。

ここで特筆すべきは失業率だ。マクロ経済政策は雇用の確保が第一であるので、ここは満点だ。

雇用の確保の上に、所得が良ければさらに良い。それは名目ＧＤＰと実質ＧＤＰで見ることができる。

名目ＧＤＰは所得の実感に近い。７・６％は10年続くと２倍になる数字で、これは「所得倍増時代」と同程度である。インフレ率で名目ＧＤＰが目減りしても実質ＧＤＰが４・９％なので、文句のつけようがない数字と言える。

インフレ率は、名目ＧＤＰから実質ＧＤＰを引いた２・７％が真の値である。インフレ目標が２％でも、プラスマイナス１％以内であれば、ほぼ満点の成績と言える。

最後に、ここであげた「インフレ率３・１％」は消費者物価指数だが、インフレ目標のプライマイナス１％近辺なので、これも良しである。

ここで、同様の項目について最近のデータを並べて比較してみよう（内閣府「令和５年度（2023年度）政府経済見通し」より、令和3年度（2021年度）実績）。

・失業率　　2・8％
・名目GDP　2・4％
・実質GDP　2・5％
・インフレ率　マイナス0・1％
（2021年度のGDPデフレーター実績。消費者物価（総合）は0・1％）

並べてみると、当時の経済の優秀さが良く分かる。

ノーベル賞学者・バーナンキが明言！
バブル潰しは誤り

プリンストン大学時代、師のバーナンキ（元ＦＲＢ議長、ノーベル経済学賞受賞）に尋ねたことがある。

「株価と土地の価格が上がっているとき、金融引き締めを行うのは正しい政策ですか？」

――この質問の意図は、インフレ目標の中に「土地の価格」と「株の価格」が含まれているか否かだ。

バブル期、価格が大幅に上昇していると槍玉に挙げられたのが、土地と株。この２つの暴騰を理由に「金融引き締めを行うべし」という世相であった。

バーナンキは即答した。

「土地や株価が上がったからといって、引き締めるのは間違いです」

曖昧さが一切ない明快な答えだった。

土地も株も、インフレ目標の中には入っていないのである。無関係なのだ。

事実、当時の土地と株価の高騰について分析したところ、これらの価格が上がった原因は、税制上の問題にあった。

つまり、「土地と株に対する税制改革」が、やるべき政策だったのである。土地と株だけ手当てすれば良かったのだ。

日本銀行は、日本経済全体を冷やす金融引き締めを断行してしまった。

「首席クラスに優秀」だった1990年の経済を、日経新聞は痛烈に批判し続けた。

日銀が発動したバブル潰しの金融政策（金融引き締め）について、日銀は今でも間違いだったと認めていない。

認めないのだから、改めることも当然しなかった。間違った政策を正しいものとして継続し続けたことが、その後30年間の平成不況、いわゆる「失われた30年」を招来したと私は解釈している。

察しの鋭い読者は、もうお分かりだろう。日銀がこの間違いを認めていないだけでなく、正しいものとして継続したということは、また同じ間違いを繰り返す危険性があるということだ。

また、日銀が認めないのだから、マスコミも自らの報道の誤りを認めるわけがない。

正しい情報が世の中に出ないまま、ここまで来てしまった。

それが現在のこの国の姿なのである。

《コラム①》

「日銀総裁」の真実

「国債をバラまくとインフレになる」と警告したがる人がいる。

インフレになるかならないかの原理は単純だ。

世の中にあるモノの量と、お金の量のバランスで決まる。

モノの量は、生産力がある程度高ければ増えていく。これに対してお金の量がすごく少なければデフレに、すごく多ければインフレになるのだ。

現代は生産技術が発展しており、モノの量の増え方は非常に大きく速い。だから多少お金の量が増えたところで追いつかない。

逆に言うと、お金を頑張って増やしていかないと、デフレになってしまう傾向にある。

コロナ禍において私は「100兆円分の国債を出すべき」と言ったが、適当に「100兆円」という数字を出したのではない。モノの量とお金の量を想定し、計算して、これくらいであればインフレにはならないという、絶対に堅い、控えめな数字を挙げたのだ。

そもそも、「これだけお金を増やせば、これだけインフレになります」という確実な数字が出せるなら、経済政策などＡＩに任せてしまえばいい。

それができないのは、インフレ率の動きというのは、ある程度は予測できるものの、アクセルの効かない車に近いからだ。踏み込んでみないと、どれだけスピードが出るか分からない。加速がどの程度かも分からない。

だから、走りながら調整していくしかない。

要するに、鍵を握るのは日銀総裁なのである。

日銀は「政府の子会社」

日銀は政府から独立した存在だと思っている方が多い。しかし実際には、日本銀行は日本政府の子会社である。

その証拠に、日銀総裁は、総理大臣に呼び出されれば、たとえどんな予定があろうとキャンセルして、文字通りかけつけてくる。

政府の意向に従う必要があるわけだが、その際、矢面に立たされるのは日銀総裁だ。総裁として何を言うのか、周りはずっと注視しており、言論の自由などないに等しい。

それを3千万円くらいの年俸でやらねばならないというのだから、よほど名誉欲のある人でないとやらないだろう。

実は、国の中央銀行の総裁は博士号を持っているのが世界の常識だ。

しかし平成25年から2期にわたって総裁を務めた黒田東彦氏は博士号を持っていない。国際社会においては驚かれることなのだが、そもそも日銀総裁の資格条件に博士号を当てはめてしまうと、候補者がいなくなってしまうから仕方がないのである。

◉「日本経済や国益より金融業界」が日銀の本音

2022年12月20日、黒田総裁は長期金利操作の許容変動幅を、従来の±0・25%程度から±0・5%に引き上げると発表した。

利上げではないと否定したが、誰も納得などしない。事実上の利上げである。

このとき、インフレ率は消費者物価指数でせいぜい3%。「4、5%になって景気が過熱するくらいまで我慢する」というセオリーに反していた。

GDPデフレーターも、この時点で発表されていた直近の数字（7～9月期）はマイナスだったので、時期尚早だった。

株価は600〜700円ほど値下がりし、為替も3、4円ほど円高になった。

日本経済にはマイナスでしかなかったのに、なぜ利上げに踏み切ったのだろう？

実はこのとき、株価が上がった業界があった。

金融業界である。

日本が長年低金利政策を取る中、銀行は貸出の利息で稼ぐことができなかった。

安倍政権のときにも、「年中、銀行業界から陳情がある」と、私は安倍さんから聞いていたが、「日本経済のためには何よりも雇用が重要」と考えていた安倍さんは、決して金融業界に媚びなかった。


ところがだ。

2021年10月に岸田文雄氏が内閣総理大臣になってから、妙に金融業界に有利に物事が運ぶのである。

あからさまなところでは、政府がNISAを過剰に推し始めたのは記憶に新しいだろう。

日銀による利上げも、喜んだのは金融業界ばかりなのである。

そもそも、岸田政権が財務省の言いなりであるのは有名だ。

そして財務省は、金融業界に非常に近い。

日銀も同じだ。

彼らにとって金融業界は、大切な天下り先なのだ。

誰だって自分の老後は気になる。財務省で働いているのも、日銀で働いているのも、ただの人間なのだ。日本経済がどうなるかより、自分の行き先がどうなるかが気になる。つまり、金融業界に嫌われたくないのである。

信念のない人間が国の中枢の、経済に影響を与える立場にいれば、日本経済などそっちのけになってしまう。

いや、財務省は増税に対しては確固たる「信念」を持っているし、黒田総裁もその財務省出身者なのだが、信念そのものが間違っているのだから、残念ながら日本経済が良い方向に向かうはずもないのである。

第３章

なぜ、財務省は「悪い円安」というウソをつき続けるのか

――世界の常識「円安になるとＧＤＰが上がる」を無視する理由――

円高や円安は「円の実力」のバロメーターではない

2章までお読み頂いた方には、経済を正しく見極めるためのキーワードとして、

・インフレ率
・金利
・GDP

が極めて重要であることが、お分かり頂けたことと思う。

何を説明するにも、本質をしっかりご理解頂こうとすると、このキーワードに触れざるをえなくなる。

もちろん、重要なのはこの3つだけではない。

しかし、**この3つについて、いわゆる「マスコミに刷り込まれてきた常識」がいかに誤ったものかを一旦しっかりと理解してしまえば、もう騙されることはなくなる。**

質の低い情報に踊らされたりムダな時間をとられることなく、自分の目で経済を見極め

ることができるようになる。

その意味で、この３つのキーワードの理解をより深めるのに格好の題材がある。

為替、つまり「円安」「円高」だ。

円安、あるいは円高についての真実を知ろうとすると、必ずこの３つのキーワードに「また会いましたね」ということになる（もちろん他のワードも出てくるが）。

そのとき、読者の皆さんは、本書を読まれる前よりもはるかに理解力がついていることに気が付くだろう。

そして、この章を読み終わった時点で、さらに多角的に、円高・円安はもちろんのこと、「インフレ率」「金利」「ＧＤＰ」というキーワードについて理解できているご自身を発見されると確信している。

大学で学生を教えている職業柄、「なぜこの知識が重要か」についての前置きが長くなったことをお許し頂きたい。

●「円高が望ましい」という誤解

さて、まずは円高・円安に対する読者の「常識」が、いかに歪められたものかから、お話ししていこう。

日本では、外国為替市場でひとたび円相場が下落しようものなら、マスコミはこぞって

「円安だ！」

「円の実力が下がっている！」

「国力低下の象徴だ」

「物価が上がり家計を圧迫している」

「政府の無策は、けしからん」


と、騒ぎ出す。

その背景にあるのは、

「円高こそ正常」

「円高こそ経済大国・日本のあるべき姿」

「円高による痛みは経済成長による副産物として不可避。これを克服してこそ国力が上がる」

という大いなる誤解だ。ほとんど信仰と化しているようにすら、私には見える。

はっきり言えば、**円高になろうが、円安になろうが、円の実力とは関係ない。**

たとえば、これまで1ドルのものを120円出せば買えていたのに、150円出さなければ買えなくなったというのが、いわゆる「円安」である。円高であれば、同じ額の円で、より多くのドルが得られるし、円安になれば得られるドルは減ってしまう。それは間違いない。

輸入に重きを置いている企業であれば、円高をありがたがるだろう。同額の円で、よりたくさんのものを外国から仕入れることができる。

では、もし円高から円安に転じると皆が悲しむかというと、そんなことはない。

輸出を主とする企業は間違いなく喜ぶ。外国からの注文が増える可能性があるからだ。

裏を返せば、円高の時期、輸入企業が儲ける影で、輸出企業は苦しんでいたのである。

取引相手にとって、日本の企業が扱う品物は割高になってしまうのだから、当然モノは売れない。

円高だろうが円安だろうが、喜ぶ人もいれば苦しむ人もいる。そう考えれば、どちらが良いとか悪いとか、一概には言えないのはご理解頂けるだろう。

事実はそれだけであって、円高も円安も「円の実力」とは何ら関係がない。

ここまで言っても、

「本当にそうか?」

「円安になると、マスコミは大変だと騒ぎ始めるではないか……」

と、疑う人も多いだろう。

それは長年、マスコミに騙され、「円高＝正常」と刷り込まれてきたからだ。今からその刷り込みを外していこう。

なぜ「円高＝正常」「円安＝要警戒」というイメージになったのか

円高にも円安にも、良い面もあれば悪い面もある。
円高を喜ぶ企業もあれば、円安を喜ぶ企業もある。
それなのになぜ、日本では強固に「円高＝ＧＯＯＤ」「円安＝ＢＡＤ」という認識がまかり通っているのだろうか。

答えは明らかだ。長年にわたって、「円高は歓迎すべきもの」というイメージが、メディアによって報道されてきたからに他ならない。

実は政府も、円高は悪いものではないと語ってきた。つまりマスコミと政府が寄ってたかって「円高＝ＧＯＯＤ」というイメージを国民に植えつけてきたのだ（なぜそんなことをするのか、動機と理由については後述する）。

またそのイメージは、日本国民にすんなり受け入れられてしまった。

というのも、世間一般の人々が「円高＝GOOD」と信じ込んだのには、理由があったのだ。

それは、輝かしい日本の高度成長の時期に、円高が重なったからである。

この2つが同時期に起こったのは、あくまでたまたまだった。直接的な関連性はない。

「経済が成長し日本が強くなったから、円の価値が高くなった」というのは誰もが信じ込みやすいストーリーだが、残念ながらこのストーリーは誤りだ。

だが、時期が重なったからこそ、「経済成長」の前向きで明るい印象が、「円高」に対する良いイメージにまで及んでいるのである。

●「1ドル360円」という高ゲタ

「たまたまだった」と言っても納得しない読者もいるだろうから、「なぜ時期が重なったのか」について、もう少し掘り下げておこう。

日本は戦後、固定相場制が敷かれていた。いわゆる「1ドル＝360円」の時代である。

なぜ360円だったかというと、「(図形としての)円の中心角が360度だから」というふざけた説がまことしやかに語られるくらい、要するに適当に決められたと言われている。

とにかく間違いないのは、為替レートとしては円安であり、日本にかなり有利になるように決めてもらったという点だ。

日本は、ものすごく高い「ゲタ」を履かせてもらったのだ。とんでもない円安だったからこそ、日本の輸出産業は価格競争で圧倒的優位に立てた。そのため大いに儲かり、経済成長も順調に実現できたのである。

本来であれば、当時のレートは1ドル＝150円くらいが妥当だったとされている（この数字を算出する計算方法があるのだが、複雑になるのでここでは割愛しよう）。

150円が妥当なのに360円なのである。

円安が叫ばれた2022年10月、1ドルは150円前後だった。ある朝これが360円になったらどんな混乱が起きるか、想像もできないくらいのギャップだが、当時はこのくらいゲタを履かせてもらっていたのだ。もはやゲタではなく竹馬と言っても良い。

ありがたいことに現実よりも円安にレートが設定された時期は長く続き、1973年に変動相場制へと完全に移行してからも、200円台が続いた。

実際には150円くらいが妥当だったことを考えると、輸出企業には大変有利な状況が続いていたことになる。

●「高度成長したから円高になった」は誤り

一方、為替レートの数字だけ見れば、360円から200円台へ、つまりレートは円高へと、経済成長によって少しずつ円が強くなっていったように見えるだろう。

これは正しくない。

どういうことかというと、正しくは、

「最初に設定されたのが、竹馬級のゲタを履かせてもらった現実離れした為替レートだったため、次第に本来の（現実的な）『1ドル＝150円』に収斂《しゅうれん》していった結果、円高になったように見えている」

である。

世界史上にも稀有な高度成長を達成できたのは、いわば「竹馬レート」が原因、というのが私の見方だ。**円安だから成長できたのだ。成長したから円高になったのではない。**

因果関係を逆にしてはいけない。

ところが、**円高と輝かしい成長がセットで進行したので、「円高＝喜ぶべき状態」とい**

図⑦　円ドルと日米マネタリーベース比の推移

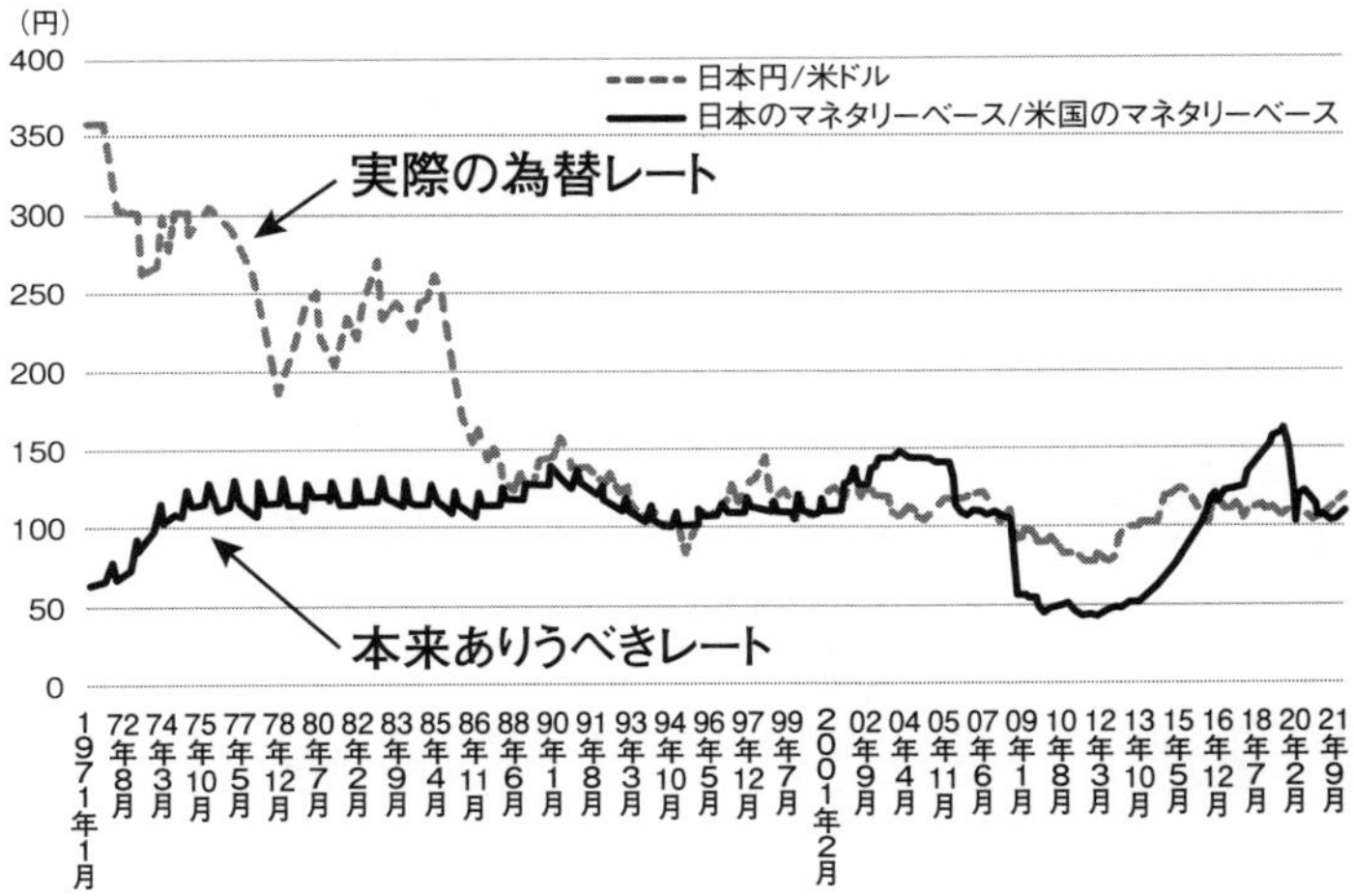

（資料）日銀、FRB

うイメージが根深く浸透してしまった。

図⑦を見てほしい。

日米の為替レートの推移を破線で、同時期のマネタリーベース比の推移を実線で表して並べたものである。

ちなみに、マネタリーベースとは、中央銀行が世の中に供給する通貨の総量のことだ。

最初、実線と破線は大きく乖離している。1ドル＝360円というレートが現実と大きく乖離していた、というのはまさにこの状態を言っているのだ。

だが、2つの線は次第に近づいていき、1988年以降はほとんど同じになっている。これは、1985年9月、先進5カ国蔵相・中央銀行総裁会議で発表された**プラザ合意**による結果だ。長引くドル高に怒った米国が、各国にドル高修正のため外国為替市場に介入するよう促した。

長年ゲタを履かせてもらい、米国にアンフェアなレートを強いてきた日本では、これを期に急速な円高が進行し、景気が悪化していくことになる。好調だった輸出産業も失速してしまった。

しかし言ってみれば、プラザ合意以降が本来の為替ルートに是正された姿なのだ。日本がこれまで履かせてもらっていたゲタを脱いだということだ。

日本が実力で勝負し始めたのは、プラザ合意以降と言える。そして、実力勝負が始まった時点で、残念ながら日本の高度成長は終わってしまった。これが正しい見方である。

少し話がそれてしまったが、とにかく私が言いたいのは、**「円高＝望ましい姿」「円安＝**

嘆くべき姿」というイメージは誤りだということだ。

円高にも円安にも一長一短ある。**1ドルいくらかが、円や日本の実力を表すわけではない。**

これを誤解したままでは、円安もインフレも正しく理解することはできない。

●実質実効レート

円高も円安も「円の実力」とは無関係であることを示す事実を、１つ明らかにしよう。

世界の中央銀行をメンバーとして１９３０年に設立された、国際決済銀行（ＢＩＳ）という組織がある。

日本を含め63カ国・地域の中央銀行が加盟しているＢＩＳには、各国の経済状況に関するデータが数十年にわたって蓄積されている。

ここでＢＩＳの統計データを基に作られたものの１つが、実質実効為替レートだ。

１つの図を紹介しよう（図⑧）。

図⑧　実質実効為替レート（46年前との比較）

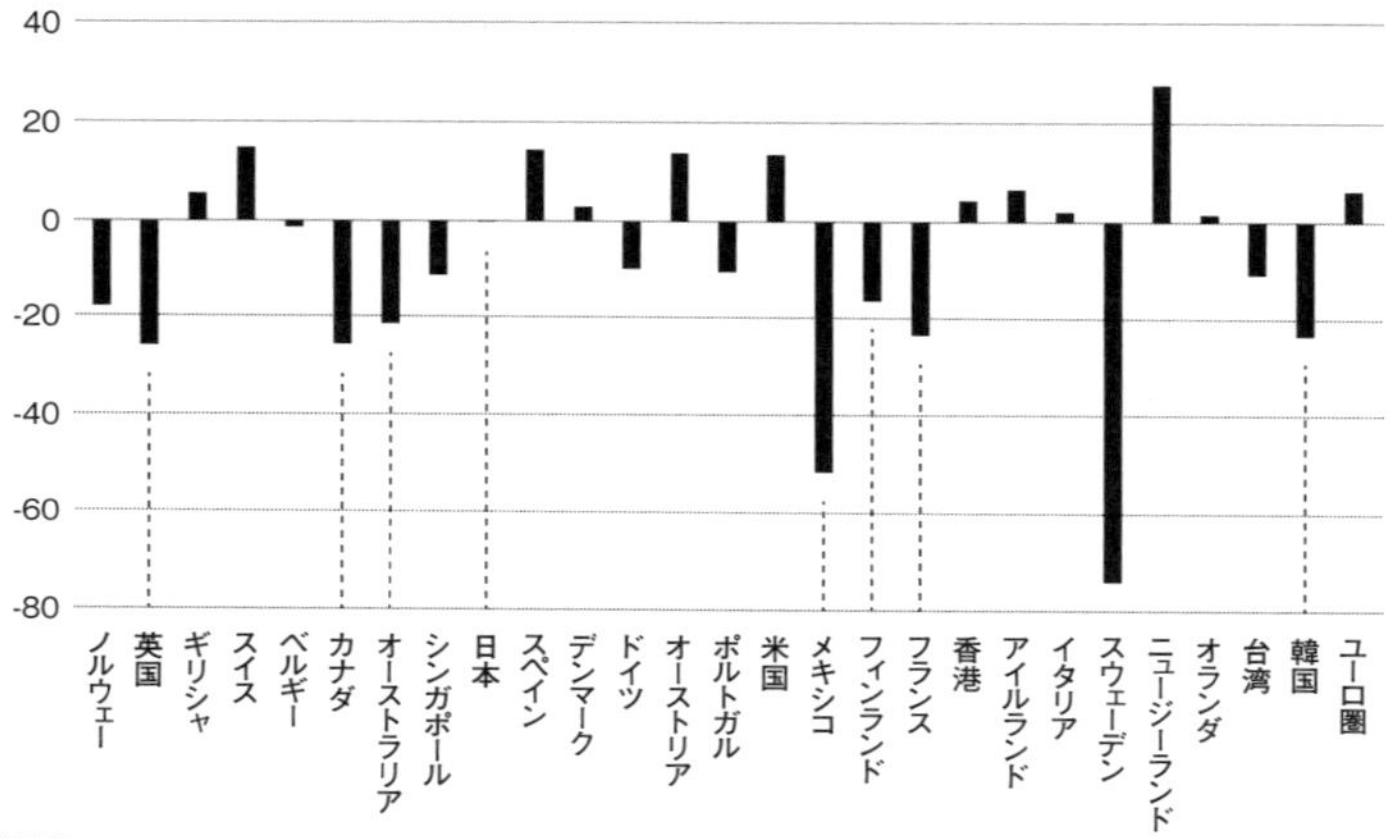

（資料）BIS

実質実効為替レートとは、貿易量などをもとにさまざまな国の通貨の価値を計算し、物価変動も加味して調整した数値のことである。

だが、覚える必要はない。知らなくてもかまわない。

そもそもマーケットで「実質実効為替レートは……」なんて言葉を使っている人はいないから安心してほしい。ときどき新聞が、ちょっとむずかしい言葉で読者を煙に巻こうと出してくることはあるが、目にするのはその時くらいである。

通貨の価値が表されている、と思って頂ければ十分である。

つまりこの図は、27カ国分の「通貨の価値」を並べたものだ。

日本は２０２２年後半に50年ぶりの円安となり、新聞はこぞって「円の価値が低水準になった」と書き立て始めた。円安はヤバイぞ、と言いたいわけだ。

だが、同じ約50年間で他国の通貨はどう変化したのかを調べてみると、面白いことが分かる。

スウェーデン、メキシコ、英国、カナダ、フランス、オーストラリア、韓国、フィンランドなどは、日本よりもはるかに通貨安になっている。図を見てもらえば一目瞭然だ。

しかし、それらの国のメディアは「大変なことになった」などとは騒いでいない。

他国に比べれば、日本はこの50年、多少の上下はあっても通貨の価値はさほど変わっていないのだ。

為替ほどシンプルなものはない

さて、ここまで「円高も円安も、どちらが良く、どちらが悪いという話ではない」という話をしてきた。

しかし読者諸氏は、それだけではどうにも腑に落ちないかもしれない。

「円高と円安、日本にとって、あるべき姿はどちらなのだ？」

と、釈然としない感じが残るのではないだろうか。

ここで、そもそも為替はどうやって決まるのかについてお話しする必要が出てくる。

これには、国際金融におけるしっかりとした理論がある。

為替とは、「2国間の通貨の交換比率」と定義される。要するに、たとえば円とドルの場合、

「1ドルと交換できるのは何円になるか」

を表すのが為替なのだ。これについては読者も分かっているだろう。

では、これら2つの通貨の交換比率はどのように決まるのか。

難しく思えるかもしれないが、実はとてもシンプルな話なのだ。

「円の総額」と「ドルの総額」、つまりそれぞれのマネタリーベースを割り算すれば、だいたいどのあたりの数字に落ち着くか分かるというのが、国際金融の理論ですでに証明されている。

式で表すと、

円の総額÷ドルの総額＝為替レート

となる。

具体的な数字を入れて考えてみよう。

たとえば、現在、円の総額が500兆円、ドルの総額が4兆ドルくらいだ。この2つの数字から、為替レートを予測すると、

500兆（円）÷4兆（ドル）＝125（円／ドル）

となり、1ドル＝125円の為替レートになると予測できるのだ。

実は私には信じられないことだが、経済を語る人にもこれを知らない人は少なくない。

●為替レートは「2国間の金融政策の差」で決まる

「円の総額、ドルの総額とは何だ？」

と、疑問に思う人もいるかもしれない。

簡単にいえば、世の中にある円の総量、ドルの総量のことを指す。それぞれの通貨が、どれだけ世間に出回っているかということだ。

では、円の総額、ドルの総額を増やしたり減らしたりしているのは一体誰だろうか？

もちろん国である。円であれば日本、ドルであれば米国が、金融政策によってそれぞれの通貨の総額を動かしている。

米国が金融緩和をすれば、ドルの総額が増える。

逆に、日本が金融引き締めをすれば、円の総額は減る。

通貨の総額は、国の金融政策で増やしたり減らしたりできるわけだ。

つまり、為替レートは「２国間の金融政策の差」で決まると言える。

日本が金融緩和しているとき、米国が金融引き締めをすれば、分子が大きくなり円安になる。円がドルに比べて相対的に多くなるわけで、相対的に多くなったものの価値が下がるのは当然だ。これが円安なのだが、このしくみが直感的に分からない人が多い。

為替について、難しく語りたがる人が多すぎる。

本来はこれほどシンプルなものなのだ。

難しく語る人を見たら怪しいと思うくらいでちょうど良いということは、ぜひ覚えておいて頂きたい。

「インフレ目標」を見れば金融政策が分かる

では、そもそも国は何を基準として金融政策を行っているのだろうか。

ここで大切になってくるのは、2章でお話しした「インフレ目標」だ。この章の冒頭で「また会いましたね、になる」という話をしたが、まさにここでも登場してくるのである。

分かりやすく説明しよう。

インフレ目標とは、物価の上昇率、いわゆるインフレ率を年間でどれくらい上げるか、その目標値のことだ。

つまり、**インフレ目標が決まると、国が国内経済をどのような方向へと進めていくつもりでいるのか、明らかになってくる。**

日本の中央銀行である日本銀行は、デフレ脱却を目指して2013年1月にインフレ率2％を目標値にかかげ、達成のための金融政策を現在も行っている。

インフレ目標が重要になるのは、国内の経済政策に限らない。

たとえば、他国のインフレ目標を見たとき、それが自国のインフレ目標と近ければ、両国がとる金融政策はあまり変わらないと考えられる。

インフレ目標は政策を数値化したものと考えればいい。そして、金融政策の方向性が似通っているということは、両国間の為替はあまり動かないと予想できる。そして、為替はできるだけ動かない方が良いのである。

皆、頭でっかちになって難しく考えすぎである。

前述したように、為替は、ドル円なら「円の総量」を「ドルの総量」で割ればいい。私はこれで40年間、７割以上の確率で、立てた見通しを当ててきた。難しく考える必要はない。

ただ、難があるとすれば、この計算から導かれる予測は、1、2年ずれることもある。明日の為替や、３カ月後の動きなどは分からない。**短期の為替の動きは読めないのだ。**

しかし3年先くらいの動きであれば、そこそこ確実性が高い。インフレ目標があり、国が目標数値を守って金融政策を打っている限り、大きくは外れないだろう。

●「短期」は神のみぞ知る

逆に言うと、**為替の短期的な動きについて断言している人を信用してはいけない。**

短期の予想はまさに「神のみぞ知る」世界だ。誰にも分からない。博打のようなものなのだ。

「株や仮想通貨で儲ける」も同じだ。長期的にならまだしも、短期の相場は誰にも読めない。金融業界には、読めないものを読めるようにアピールして手数料を稼ぐ人が多いので気を付けてほしい。

話を戻そう。

ここで押さえておいてほしいのは、為替が決まるしくみは非常にシンプルだということだ。為替とは2国間の通貨の交換比率であり、通貨の総額の比率、つまりマネタリーベース比を求めればだいたいの数値が分かる。

そして、国ごとの金融政策の差が分かれば、長期的な推移は見えてくる。

これは国際金融に関わる人間や投資家にとっては常識なのだが、これを知らずに経済を語る「エコノミスト」があまりに多い。

彼らはシンプルだと知らず、複雑だと思っているから難しく語りたがるのである。そして一般の人は煙に巻かれてしまう。くれぐれも騙されないでほしい。

「円安だから金利を上げろ」は大間違い

ドル円相場の為替が大きく動くと、メディアは大いに騒ぐ。

特に大きく下げて円安になったとき、日経新聞を読むと案の定、「識者」が登場する。

いわく、

「これは悪い円安だ」

「すぐに金利を上げろ」

——はっきり言って素人だ。政策を考える立場の人間から見れば、ド素人と言っていい。

「日経新聞に書いてあるから正しい」「日経新聞は日本を代表する伝統ある新聞だ。だから信用している」という人は多いだろう。

日本を代表していることは確かだが、残念ながら間違いは間違いだ。

私に言わせれば、間違いだらけの新聞が日本を代表していること、さらにそれをインテリ層までが信じ込んでいること自体、実に嘆かわしい。

話を戻そう。

為替にはいくつかの原則がある。大きく動いたときほど、これをきちんと守らなければならない。

そして、

「変動相場制においては、為替が動いても対応してはいけない」

というのが原理原則なのだ。

2022年2月、ロシアが急激なルーブルの下落を受けて、ルーブルの価値を高めるためにロシア国内の金利を大幅に上げたのは記憶に新しい。これは初歩の初歩すら分かっていないと言わざるを得ないミスだった。

たしかに国内の金利を上げると、一見ルーブルは高くなったように見える。

しかし、結果としてロシア経済はさらに悪化した。借金すると利息が高くなるのだから、設備投資が減る。人々も住宅や車などを借金してまで買わなくなる。景気が悪化するのは当然だ。経済政策の典型的な失敗例だ。

為替が動いたときは、「何もしない」が正解なのだ。狼狽して手を打つと、はるかに大きな悪影響につながってしまう。

●緊縮論者の裏に財務省

しかし、日本もロシアを笑えない。ドル円相場が数円動いただけでメディアが大騒ぎするのは、すでに見慣れた光景だ。

少しでも円安になると、

「金利を上げろ！」

とわめく「識者」が出てくる。

ロシアが金利を上げたことと、日本で「金利を上げろ」と声高に言う人の背景にあるものとでは違いがあるのだが、日本国内において金利を上げたがるのは、おおよそ緊縮論者である。

ここまで読まれた方々はもうお分かりだろう、**緊縮論者の裏には、財政支出をできるだけ減らしたい財務省がいる**と考えて大方間違いない。

「金利を上げろ」と言う人たちの言葉をよく聞いてみるといい。

彼らは、

「原油価格が上がったのは問題だ。円安が続くと、さらに上がるぞ」

と言うかもしれない。一時期、原油価格が上がったのは事実だ。

ただその後に、

「ひどいインフレになるぞ！」

と言い始めると、気の毒だがお里が知れる。

日本の場合、現状ではそう簡単にインフレにはならないのだ。ひと昔前は「100円ショップ」と言っていたが、今は「ヒャッキン」と言えば通じるように、デフレがすっかり定着しているからだ。原油や原材料高によってコストが上がっても、諸外国に比べて価格転嫁しにくいのが日本なのである。

したがって、現状とるべき政策は、

「消費税の減税」

であるのは明白だろう。

ところが、これらをやりたくない人たちがいるのだ。もちろん財務省である。

なぜ財務省は緊縮財政派なのか、不思議に思うかもしれない。

「日本経済の成長のためになることをやりたいはずでは？」

という疑問がわくのは当然だ。この点については、後で説明する。

とにかく、世に言うエコノミストたち、とくに金融関係出身の「識者」たちの裏には、財政出動したくない財務省が暗躍し、口裏を合わせて、

「円安は悪だ」

「金利を上げろ」

と言わされている。

マスコミは、残念だが財務官僚の言うことをそのまま記事や番組にするだけなのが現状だ。

嘆かわしいかぎりではあるが…。

「円安になるとGDPは上がる」は世界の常識

２０２２年、財務省、金融庁、日銀の幹部が「３者会合」と銘打って度々集まり、「急速な円安の進行を憂慮している」と声明を発表した。

ベースには「円安にしろ円高にしろ、急速に動くのは良くない」という価値観がある。

しかし私から見ると、実際の動向はさほど急速ではなかった。そして、くり返し言っているように、円安だからといって憂慮する必要はまったくない。

結局彼らは「悪い円安」というイメージ作りのキャンペーンをしているに過ぎなかった。

こう断言できるのは、財務省、金融庁、日銀、そしてマスコミが絶対に口にしない「隠された事実」があるからだ。

それは何か？

実は、「円安になるとＧＤＰが上がる」のだ。

「実は」と書いたが、これは世界の常識中の常識だ。日本以外では「実は」でも何でもない。

なぜ「良い話」を国もマスコミも指摘しないのか？

ＧＤＰとは「国内総生産」のことだ（これもまた登場したキーワードだ）。

一定期間に国内で生み出されたモノ、またはサービスの付加価値を合計したもので、国の経済状況を表す指標とされている。ＧＤＰが前年と比べてどれだけの割合で伸びたかによって、経済成長率が分かる。

要するに、国はＧＤＰを伸ばしたいと思っている……はずなのだ。

そして、円安になるだけでＧＤＰは上がるのだから、どう考えても国にとって悪い話ではない。

ところが、この事実を国はもちろん、マスコミも指摘しないのである。

もちろん、円安によってすべての企業が恩恵にあずかるわけではない。マイナスに作用する企業もある。

特に中小企業は円安を歓迎しないことが多い。

円高がメリットとなる輸入業なら中小企業も参入しやすいが、円安がメリットとなる輸出事業ができるのは世界のエクセレント・カンパニー、いわゆる超優良企業が大半で、中小企業には難しいのが現状である。

ただ、先にもふれたように、円安になるだけでＧＤＰは伸びる。

だいたい10％円安になると、成長率は０・５〜１％上がる。

それにより給与も上がる。

１ドル＝１１０円だったドル円レートが１３０円になれば、２割くらいの円安となるが、このときＧＤＰも２％くらい伸びる。

逆に10％円高になると、０・５〜１％、成長率は下がる。

マスコミは「32年ぶりの円安だ」と騒いだ。

たしかに、アベノミクスによって最後に少し円安になったが、この30年はおおむね円高だった。だからずっと日本は成長しなかった、それにより給料も伸びなかったのだ。

最近の日本の経済成長率は２％弱だが、これはほぼ現状の円安によるというのが、国際機関の予測である。それだけ円安の効果は大きい。

ところが、マスコミも財務省も、「円安は悪い」と言い続けている。正直言って理解不能だ。

●自国通貨安を貶《おとし》めるのは日本だけ

自国通貨安、つまり円安を悪く言うのは、世界広しといえど日本くらいだ。

ほかのどんな国でも、自国通貨安は基本的に受け入れられる。「悪だ」と騒ぐ人はいない。

ただ、自国通貨安は近隣窮乏化につながる――つまり、周りの国のGDPを少し下げてしまうため、結果的に、自国ばかりが良い調子を保つことになり、近隣国から批判を受けることはある。「お前たちだけ得してずるいぞ！」というわけだ。

しかし、国内から、

「歓迎すべき円安だ」

「金融緩和を継続すべし」

という声が上がってくることは、ほぼない。

それどころか、

「円安を放置する政府は、けしからん」

「金融緩和を続けているのは日本だけだ。早く引き締めを」

の大合唱だ。これを売国奴と言わずして、何と呼べばいいのか、私は寡聞にして知らない。


円安になればＧＤＰが増える。景気が良くなれば税収も増える。国にとっても良いことずくめだろう。それなのに、なぜか財務省も、金融庁も、日銀もそこに触れない。どの媒体を見ても、どこにも書かれていない。


彼らはなぜ、頑ななまでに「円安＝悪」と言い続けるのだろう？

先ほど「後で説明する」と前振りしたが、ここでお話ししよう。

●自然増収は手柄にならない

なぜなのか。

それは、彼らが所属しているのが基本的に緊縮政策をとりたい人の集団だからだ。緊縮政策が良いか悪いかという議論などいちいちせず、「緊縮政策こそ正しい」と何十年も、しかも何世代も前から心から信じている人たちの集団なのだ。緊縮政策以外に取るべき方法はないと刷り込まれているから、他の方法を検討しようとしない。

さらに、1章でもふれたが、もし景気が良くなって自然に税収が増えたとしても、財務官僚にとってはあまり意味がない。自然増収は、まったく自分の手柄にならないからだ。

これがすべての根本である。

大事なことなので、もう一度言おう。

自然増収は手柄にならない。

だから企業収益が上がり法人税が増えても、手柄にはならない（企業収益を上げる意味では、円高よりも円安が望ましいのは前述の通りだ）。だから円安を続ける政策など打たない。

手柄になるのは何か。

税率を上げることだ。

「税率アップによる税収増」になって初めて、手柄と言える。これが彼らの行動原理だ。

営業マンにとって、売上アップは手柄になる。手柄になることをやるのが営業マンの行動原理だというのと同じと考えてもらうと、分かりやすいかもしれない。

ただし、営業マンが売上を上げるのは正しいが、国益を損ねる政策は許されない。

私はこういう行動原理が隅々まで浸透している組織（財務省）で数十年過ごしてきたからよく分かる。

入省した１９８０年から40年以上にわたって、今この本に書いているのとそっくり同じことをくり返し主張してきたが、残念ながら何も変わらなかった。

「税率アップしか手柄にならないから、やらない…そんなことでいいのか！」と、天を仰ぐ読者が多いだろう。私も同感だ。だからこそ、さまざまなところで発信を続けている。

●ポジティブな変化も出てきた

まだまだ道半ばだが、希望はある。

2000年代の頭ごろから、徐々にではあるが変化が出てきた。国会議員の中にも、財務省や日銀の主張に対して疑問を持つ人が、ちらほら出てきたのである。

自民党内に「積極財政の会」が立ち上がったのも、歓迎すべき変化であった。いまだ小規模な変化ではあるが、財務省に騙されない人たちが増えているようだ。

地上波では絶対に流れることがない私の主張も、Youtube「髙橋洋一チャンネル」などの動画配信サイトやTwitterなどによって多くの人に届けられるようになったのも良い傾向だ。

だんだん皆が、本当のことに気づき始めている。

「円安→物価上昇→給料アップ」に、なぜマスコミは触れないのか

最近、さまざまな商品やサービスの価格高騰が話題になっている。次々と値上げが実施されて、家計の負担となっているのは確かだ。

ただ、**「値上げイコール悪」ではない**ことは、知っておいた方がいい。

現状、値上げの大きな要因には、ポストコロナで経済活動が活発化したことがある。コロナ禍で停滞していた物流、人流が少しずつ戻ってきた。需要が増せば物価が上がるのは自然なことだ。

そもそも、物の値段が上がらなければ、日本はずっとデフレのままということになる。物価は安いままだが、給与も上がらない。これは望ましい状態ではない。だからこそ日本は長年、デフレ脱却を目指してきたわけだ。

物価高が給料に反映されるまでにはタイムラグがあるので、しばらくは家計が苦しいか

もしれないが、いずれ賃金も上がってくる。

基本的に、**インフレ率が2%に近くなると、賃金の上昇率は3%に近くなる**とされている。物価も賃金も両方上がっていくなら、値上げに動揺することもないだろう。

もし、値上げが進んでいるのに、いつまでたっても賃金が上がらないなら、これはたしかに「おかしいぞ」ということになる。

しかし、物価が上がった時点で「ヤバいぞ!」「金利を上げろ」と騒ぐのはおかしい。特に、滞っていた経済活動が復活の兆しを見せている現状を考えれば、騒ぐようなことではないと分かる。

「円安による物価上昇で、1世帯あたり9万6千円、負担が増える」といった記事がいろいろなところで出ている(2022年12月)。日本全体でおよそ5兆円だ。

一方で、企業の収益は過去最高で28兆円と報じられている。

差し引き23兆のプラスだ。しかし、この点についてマスコミは触れない。

私たちはこういう情報空間で「悪い円安」と刷り込まれているのである。

「負担増が5兆円か。ではプラス面はどのくらいだろう、企業収益は?」

という視点を持っていれば、円安を悪と決めつけることがいかに間違っているか、すぐに分かるのだ。

逆にいえば、その視点を持っていないと、マスコミの論調に乗せられることになる。物価の上昇は、一時的には家計を圧迫するだろう。視聴者目線でメディアが騒ぎ立てるのも仕方がない面もある。

だが、物価は「上がって終わり」ではない。そこから成長率のアップ、給与のアップへとつながっていくのだ。

しかしマスコミはこの点には触れない。「円安→物価上昇」でストップして「悪い」と騒ぎ立てる。連続ドラマの第1話だけ見て結論づけるのと似ている。皆さんは、こういう報道に踊らされないでほしい。

長い目で見れば、ある程度までの物価上昇は、日本経済が良い方向へと進んでいる証拠だ。先に説明した高圧経済をとるべき状況でなければ、２％程度までなら失業率も上がらないのでGOODなのである。

物の値段が上がらず、経済が停滞したままの方がずっと悪いのである。

《コラム②》

「金利差で為替が決まる」は本当？

エコノミストが経済について語るとき、

「金利差で為替が決まる」

という言い方をよくする。これは間違いではないが、100点満点でもない。先にも言ったように、為替は「金融政策の差」で決まる。ドル円相場は日米の金融政策の差で決まるということである。

金融政策を金利の動きから見ることは、ないとは言わないが、マネタリーベース、つまり通貨の総額で見る方がずっと簡単だ。

先にも説明したが、マネタリーベースを増やすのが金融緩和策、増やさないのが金融引き締め策である。

マネタリーベースで見たときの日米の金融政策の差で、だいたいのところの為替が決まるのが基本原理であり、これについてはすでに解説した通りだ。

マネタリーベース比で見れば、2、3年のスパンであれば為替レートの予測は7割方当たる。私が実証済みだ。

世界的な投資家ジョージ・ソロスが、マネタリーベース比を使って為替レートを予測する「ソロス・チャート」を考案し、投資にこれを用いているのは有名である。

ただ、為替を金利で説明しようとすれば、できないこともない。

たとえば、２０２２年3月28日、日銀は「連続指し値オペ」を実施すると発表した。指し値オペとは、金利の上昇を抑えるために、指定した利回りで国債を無制限に買い入れる制度のこと。これにより、長期金利を操作するのが目的である。

このとき具体的に何をしたのかというと、日銀は10年国債を対象に、

「0・25%の金利で、いくらでも買いますよ」

と発表したのだ。

これは日銀が、

「長期金利を0・25以上に上げるつもりはないですよ」

という意思表示をしたことを意味する。

そもそも日銀はこれまで、10年国債の利回りを「0%±0・25%」に抑える方針をとっ

てきた。そして、このとき世界的にインフレが進んでおり、日本国債も影響を受けて、利回りが上限の0・25%に限りなく迫っていたのだ。だから日銀は、指し値オペによって、

「従来の政策を継続します」

「金利を上げるつもりはありません」

と宣言したわけである。

このとき米国経済はすでにインフレの状態にあり、国は金利を上げ、金融引き締め策の実施へと舵を切っていた。つまり、ドルのマネタリーベースはしばらく上がらないと予測ができた。日本は金融緩和策が継続されることが明らかになり、円のマネタリーベースは上がると考えられた。

円の総額は増え、ドルは減る。もう皆さんもお分かりの通り、円安になるということは、経済を知っている人にとっては想定内だった。

実際、この指し値オペによってドル円は円安になり、メディアは例にもれず大騒ぎした。しかし私に言わせれば想定内であり、GDPや給与アップにつながるのだから、取り立てて騒ぐようなことではなく、むしろ歓迎すべきことだったのだ。

第４章

「国債はいずれ暴落」は、増税したい財務省の大ウソだ

――「先進国で最悪の債務残高だから危険」の間違いはどこか――

「国債暴落」は、なぜ杞憂《きゆう》なのか

日々のニュースに触れていれば、ある話題が定期的に取り沙汰されることに気づくかもしれない。

いわゆる、

「日本は約1200兆円以上の借金を抱えている」

「日本の財政は破綻の危機にある」

という、もはやおなじみの「破綻危機論」だ。

たしかに日本政府には1200兆円以上の借金がある。それは間違いではない。

しかし、だからといって日本経済の破綻が近いと考えるのは、勘違いだ。

その勘違いは、まさに財務省のごまかしに乗せられている。

なぜ財政は破綻しないのか。

そして、それなのになぜ、財務省はわざわざ自国を貶めるような破綻危機論をしつこく煽り続けるのか。

このテーマも、経済の真実を見極める力をつけるための絶好のものだ。逆に言えば、いつまでも「破綻するの？　しないの？」と不安なまま「華麗な経歴の識者たち」に踊らされているうちは、自分なりの視座を持つことは難しい。これはもう賢明な本書の読者諸氏には言わずもがなだろう。

では、このテーマについて説明していこう。

まず、日本政府の借金とは、要するに国債である。

１２００兆円以上の借金とは、日本政府の国債発行額が１２００兆円以上に上っていることを指すものである。

たしかに相当の金額だ。１２００兆円以上という額のみならず、国債は金融商品だから、国債を持っている人に対して利払いをしなければならない。

●政府は日銀が持つ国債の利払いも元金償還もしなくて良い！

ただし、1200兆円以上のうち約半分弱、つまり500兆円ほどになるが、これは日銀が保有しているのだ。

日銀は日本の中央銀行であり、日本のお札を発行する「発券銀行」、国のお金を管理する「政府の銀行」、また民間の金融機関から預金を預かったり貸出をしたりする「銀行の銀行」である。というと長くなるのだが、最も分かりやすく簡単に言えば、日本政府の子会社だということだ。

民間企業の場合、子会社の収益はすべて親会社に取られてしまうのだが、日本政府と日銀の関係もこれと変わらない。

つまり、日銀の収益は100％、日本政府に納付される。これを「日銀納付金」という、法律によってこの制度は定められている。

日本銀行法第53条5項

日本銀行は各事業年度の損益計算上の余剰金の額から積み立てた金額及び配当の金額

の合計額を控除した残額を各事業年度終了後二月以内に国庫に納付しなければならない

要するに、**政府がどれだけ日銀に対して利払いしようと、日銀納付金という形でまるまる戻ってくるのだから、結果として政府は日銀が持つ国債についてはまったく利払いする必要がない**ということになるのだ。

では元金はどうなるのか。

国債は満期になると償還される――つまり、元金が戻ってくる。個人で国債を持っている人には現金で返ってくるのだが、日銀に対しては、政府は国債で償還するのである。国債の償還を国債で行うのだから、言ってしまえば借り換えをしているようなものだ。

これは一体どういうことか。

国の借金が１２００兆円以上あるのは事実だが、そのうち約５００兆円ある日銀の持ち分は、利払いも現金での償還も必要がないのである。だから大騒ぎする話ではないのだ。

それでも「残り700兆円以上」を問題にしたがる人たち

「それでも、残りの700兆円以上だって大変な額じゃないか」

という人もいる。

たしかに、700兆円以上は事実上、民間からの借金である。もちろん、その分の利息も払わなければならない。

しかし、財政状況というものは、「借金」の数字だけで判断できるものではない。同時に「資産」の数字を見る必要がある。会計学を少しでもかじっていたら、これは常識だ。

では、日本政府の資産とはいかほどなのか。

資産にもいろいろあるが、金融資産に限っていえば、**日本政府は600兆円以上の資産を持っている。**

この金融資産があることで、もちろん利息が入ってくる。

そして、700兆円以上分の国債による利払いと、600兆円分の金融資産によって入ってくる利息は、ほぼ一緒。出ていくお金と入ってくるお金は、トントンである。

むしろ、ほんの少し黒字になるくらいだ。

一体、何が問題だというのだろう？

この事実は貸借対照表――つまり、バランスシートを見れば一目瞭然なのだが、「1200兆円以上の借金で日本の財政が破綻するぞ！」とわめく人たちは、きっとバランスシートの読み方を知らないのだろう。

もし、政府が財政危機を声高に言い出したり、マスコミが、

「国の借金が……」

「そのせいで財政破綻が……」

という論調で記事を書き始めたりしたら、そう思わせた方が都合のいい誰か――つまり財務省だが――の思惑が働いていると受け取った方がいい。

少なくとも私のこれまでの経験では、そういった情報が不自然に出回っていて政府が本当に財政危機に陥っていたケースはなかった。

「日銀が国債を保有しすぎるのは問題」論にバーナンキが答えた

さて、国債に関しては、次のように主張する人もいるようだ。

「日銀が国債を引き受け続けると、保有する割合が増え続け、いずれ日本国債市場が消滅してしまうだろう。そうすれば、国際的な信用がなくなり、円や日本株式が暴落するのではないか」

ノーベル経済学賞を受賞した、第14代FRB議長を務めた経済学者であり、プリンストン大学在学時代の私の恩師でもあるベン・バーナンキも、かつて言っていたことがある。日銀が国債をどんどん買い増していけば、現在は700兆円以上だが、果ては1000兆円にまでなるのではないかというのは、理論的にはあり得る話だ。

バーナンキいわく、そうなれば、

「財政再建なんてなくなってしまうよ」

と。冒頭の主張とは真逆である。

カラクリは先ほど説明したとおりだ。

日銀が国債を全部持っているなら、政府がその分を利払いしても、すべて日銀納付金の形で政府に返ってくるのだから、財政問題などなくなってしまうのである。

万々歳ではないだろうか。

そして、財政問題がなくなるのであれば、国際的な信用は高まることはあっても、下がることはない。

ただし、国債市場がなくなってしまうのは事実である。

では、国債市場がなくなって誰が困るのだろう？　国債を売り買いしている銀行のディーラーなどは職を失うかもしれない。

もっとも、たいていの人は無関係だ。

●ドイツと日本の破綻確率は同じ

そもそも、国債のない国もすでにある。

ヨーロッパであればドイツなどは、財政再建を積極的にやった結果、国債はなくなった。一方で、民間市場には株式や社債があるのだから、株取引で食べている人にとってもたいした痛手はない。国債がないならないで、別にかまわないというわけである。

財政再建された結果、国債を発行する必要がなくなったのであれば、その国は財政の面において安定しているということだ。

財政状況が良い国の通貨が、暴落するはずがない。財政再建が成功し、国債市場がなくなったところで、円が暴落するわけがないのだ。

理詰めで考えれば、この通り、先の主張がまったく的外れであることが分かる。

なお、国債の有無の違いはあるが、実は**ドイツと日本の破綻リスクは同レベル**であることについては、クレジットデフォルトスワップによる破綻確率という明確な数字が出ている。

こういった、「こんな数字がありますよ」で「はい、終了！」となる話、議論の余地などない話を、もう30年近く、日本のマスコミは垂れ流しているのだ。

そしてそれを「クオリティペーパーが言うのだから」と信じている人々が大量生産されている。

それがこの国の残念な現実だ。

読者の皆さんには、一刻も早く正しい日本財政の姿を知ってほしい。

国債を大量発行すれば減税できるのか

国債暴落、もしくは国の借金による財政破綻という危機論が杞憂だということについては、ご理解頂けたと思う。

同時に政府の言う、

「財政難だから増税が必要」

が、過分にごまかしを含んでいることも、お分かり頂けたと思う。

しかし、政府は懲りもせず、財務官僚に言われるがままに増税したがっているようだ。

もしかしたら、

「増税する代わりに、国債をどんどん発行して、税金を減らせばいいのでは？」

と思う人もいるかもしれない。

たしかに計算上はできるかもしれないが、現実にこれをやってしまうと、市中に出回るお金が増えすぎて、インフレ率が何十％という数字になってしまうため難しい。

といっても、物価の状況に依存する面もある。

たとえば新型コロナの感染拡大によって行動制限がかかり、消費が極端に減ってしまったために物価が下がった状況下であれば、できなくもない。

ただ、そこから回復してきて経済がノーマルな状況になってきたとき、国債を大量発行すれば、インフレ率は５％にとどまらず10％あたりまで跳ね上がるだろう。

先の章でも述べたように、インフレ率は２％が目標数値だ。少し上がりすぎたとしても、耐えられるのは４％くらいまでだろう。

そうそう「全面的に美味しい話」というのはないものである。

「1人あたり借金いくら」に惑わされるな

日常的にマスコミが発信する情報に目を向けている人なら、

「国の借金、過去最大」

「国民1人あたりの借金、1千万円超」

「負債を後の世代に残していいのか」

といった論調のニュースが、定期的に出現することに気づいているだろう。ここまで読んでくれた読者であれば、おかしなことを言い続けるマスコミに不信感を抱くに違いない。


たしかに、国の借金は増えている。単純に、日本の人口で国の借金を割ってみれば、1人あたりの額はマスコミの言う通りになるだろう。

なるほど、ウソは言っていない。

だからといって、それが何だというのだ、という話なのである。後の世代に負担をかけるようなものでないことは、先に述べた通りである。

マスコミの人間は、財政危機の心配などまったくないことを、まさか理解していないのだろうか？

そうなのだ。

彼らは理解していない。

財務省が定期的に撒《ま》いてくれるエサ……つまり情報を、分析も考察もせず、口を開けて流し込み、そのまま垂れ流しているだけなのである。

財務省は3カ月に1回、国の借金に関するデータを発表している。新聞記者や報道に関係する人間は、これを基に記事を書くわけだ。

このとき、国の借金に関する記事を任されるのは、実はほとんど新入社員なのである。

このデータは定期的に役所から提出され、内容も特に大きな変化はない。数字が多少変わるくらいだ。

だから、以前に書かれた記事を基に数字さえ正しいものに訂正すれば、あっという間に原稿ができあがる。

ありがたいことに記者会見資料も財務省側から提供されるので、新人であっても非常に書きやすいのである。

まさにエサなのだ。

担当するのはまだ経験もテクニックもない新人ばかりだから、気の利いたことなどできるはずもなく、資料に書かれたことをそのまま記事にしてしまう。

私も役人時代、記者会見資料を作成したことがあるが、翌日出た記事には私が作った資料の完璧なコピペが載っていた。

●新人記者の教育と餌付けの利害一致

新聞を購読する側がこの背景を知ったら、憤慨するかもしれない。

「編集のトップは、そんなやっつけ仕事にＯＫを出すのか？」と疑問に思うかもしれないが、おそらく新聞社にとっては、しょせん新人教育の一環なのだろう。

たいした時間も手間もかけず、記事ができるのだ。新人を使って、３カ月に１回、苦労せずに当たり障りない記事を仕上げられるのだから、ありがたいことだろう。

そして役所から見れば、これはマスコミに対する餌付けの訓練だ。

マスコミは、役所から情報をもらえなければ困る。だから、もらった情報は無批判に記事にする。その方が楽だし、軋轢《あつれき》も生まない。下手に口出しすれば、うまいエサがもらえなくなるかもしれないと誰もが思うから、言われた通りに書く。

こうして、同じ論調の、同じような記事が、定期的に何度も何度も世の中に出てくることになるのである。

財務省は、なぜ借金だけ発表するのか？

では、記者たちは、本当に役所の発表を信じているのだろうか？

「国の借金が大問題」と、本気で危機感を持っているのだろうか？

私が思うに、これは信じるかどうか以前の問題で、

「役所から3カ月に1回エサがもらえるんだから、食わなきゃしょうがない」

ということだろう。

与えられたデータを基に考えれば、記事にウソは書かれていない。

何度も言うが、国に借金があるのは事実である。借金があること、その数字が莫大であることを否定するつもりは、私にもない。

そして財務省は、

「借金がこれだけありますよ」

というデータしか出さないから、マスコミはそう書くしかない。

しかしちょっと立ち止まって考えてみよう。

これがもし民間企業であれば、おかしな話なのである。

先にも言ったように、財務状況を確認するためには「借金」だけでは判断しようがない。会社の財務状況を表すバランスシートには、右側に「借金」が、そして左側には「資産」が明らかにされている。**「借金」と「資産」を両方確認して初めて、財務状況の良し悪しを判断できるのである。**

ところが財務省は、「借金」だけを発表し、「資産」は明らかにしない。３カ月に１回、国内のマスコミに向けて、借金の数字のみ発表している。

見せるべきものの半分しか見せていないということだ。

大企業が巨額の設備投資をするために借金をしても、それを上回る利益を出していれば誰も問題にしないだろう。そう考えれば、いかにおかしな話か、ご理解頂けると思う。

もちろん、うっかりミスなどではない。

意図的に、「資産」が明らかになる機会を潰している。

誰か一人でも、

「資産も発表すべきだ」

「見るべきものの半分しか見ていないのだから、正しいことは分からない」

といった批判記事を書けば、状況は変わるだろう。出せと言われて「出しません」は、法的義務があるわけではないが、事実上通らない。

だからそういう記事を書けばいい。

ただし、実際に書いてしまえば、エサをもらえなくなる可能性がある。だから書かないだろうし、記者が書いたとしても新聞には載らないだろう。上からストップがかかる。

そもそも、国の借金に関する記事を書いているのは新人なわけだから、誰も書けない。

エサを配る財務省がいて、そのエサを食うマスコミがいる。食うだけの人たちが書いた記事を読んだ人は、同じように役所からエサを食わされているのと変わらない。

この悪しき構図を、ぜひ読者には忘れないでほしいのだ。

「天下り先リスト」…財務省が資産を公開しない呆れた理由

ところで、なぜ財務省は資産を発表しないのだろうか？

バランスシートを見て、「資産」と「借金」のからくりを悟り、「国の借金なんて、たいした問題ではないじゃないか」と気づく記者が出てくるから？

それは考え難い。

なぜなら、マスコミに、バランスシートを正しく読み解ける人間がいるとは、残念ながらあまり期待できないからである。そのための基礎教育を受けている人が、ほぼいない。

特に国の財政に関するバランスシートとなると非常に膨大かつ難解で、本格的に理解しようとするなら、公認会計士を数人雇わなければならないだろう。

さらに言えば、お金をかけて読み解き、記事にした挙句、役所からエサが来なくなったら困る。何もせずエサをもらった方がずっと楽だから、あえて危険を犯そうとはしない。

一度吸った甘い汁を手放せる人は、そうそういないのだ。

役所もそれを重々わかっているから、せっせとエサを撒くのである。

もちろん、会計の知識があり、財務省のエサなどものともしない猛者がいないとも限らないが、その確率は非常に低いだろう。

となると、財務省の本音は一体どこにあるのだろうか？

●「出資先」がバレてしまう！

先に、

「日銀は、いわば政府の子会社である」

という話をした。

一般的に民間企業における資産というと、会社が持つ不動産などを指すのはもちろんだが、その多くは子会社の株式である。

そして、とある会社が子会社を持っている場合、２つは別会社であっても、会計上は同じものと考えるのが通常だ。

つまり、親会社の財務状況を知りたいときは、親会社のバランスシートを見るだけでは不十分だ。子会社のバランスシートも合わせた**「連結バランスシート」**なるものを確認する必要がある。

実質的に親会社と子会社の関係にある日本政府と日銀についても、もちろんこのやり方が当てはまる。

日本政府と日銀のバランスシートを合わせたものを**「統合政府バランスシート」**と呼ぶ。これを見て、日本の財政を判断するのだ。

これは国際常識である。

さらに、政府の子会社は、日銀だけではない。

独立行政法人や特殊法人なども当然含まれるわけで、それらの貸付金や出資金が資産に計上されることになる。

つまり政府の資産を追っていくことで、出資先が分かるということだ。

民間企業のバランスシートには、子会社の一覧表が添付されるのだが、政府のバランスシートも同様である。独立行政法人や特殊法人が名を連ねる子会社一覧表がついてくることになる。

役所は、これを出したくない。

本書の読者なら、もうお察しだろう。

なぜならその一覧表は、役人の「天下り先」の一覧表なのだ。

そんなもの、役所は明らかにしたくないに決まっている。役人たちは長年吸ってきた甘い汁を、今さら手放す気などないのだ。

私が「政府のバランスシート」を初めて作ったときの反応

「由《よ》らしむべし　知らしむべからず」

という言葉がある。『論語』にある泰伯の言葉だ。

民を為政者の行う政治に従わせることはできても、その道理を理解させるのは難しい。

つまり、為政者は民を従わせればいいのであり、その道理を説明する必要などない。

そういう意味であり、役所のやり方というのは、まさにこれを地で行っている。

依存させるだけさせておいて、あまり情報を与えないのが基本だ。

そもそも**政府の財務分析、つまりバランスシートというものは、１９９４年、まだ財務省に勤めていたころに、私が初めて作成した。**

それ以前には存在しなかったのだ。周りはみんな反対していた。

「作るな」と何度も言われた。

単純な話で、**財政危機も全部ウソだとバレてしまうからだ。**

そして、いざ作ったら、

「外に出すな」

「絶対にしゃべるな」

と、釘を刺され続け、私は沈黙を守った。

●10年たってようやく日の目を見た

状況が一変したのは2004年、小泉純一郎氏が総理だったときのことである。

「増税するか」という話になって、

「わが国は借金で大変なのだ」

と、皆が言うから、

「バランスシートというものがあって、国には資産がこれだけありますよ」

と、私が話したのである。

政治家たちは軒並み驚いて、

「そんな良いものがあるなら、早く出せ」

ということになり、作成から10年の歳月を経て、ようやく日の目を見ることになった。

その場にいた財務省から来ていた秘書官は、ひどく顔が引きつっていた。

でも、小泉元首相の前では何も言えない。あとになって怒りの電話がかかってきて、ひどく罵られたのをよく覚えている。

しかし、すでに「出せ」という指示は出たのだから、手遅れだ。「出せ」と言われて「否」とは言えないのが官僚である。

もっとも、財務省にとっては幸いなことに、そして日本にとっては不幸なことに、マスコミの人間は自力でバランスシートを読めなかったようだ。

当然、財務省に説明を求めたが、親切に教えるわけがない。だから、マスコミは満足な記事が書けなかった。

エサを食わされるのに慣れた人間など、こんなものである。

裏に隠された真実を知り、言い続けるのは私くらいのものだろう。

だから、財務省は安泰というわけだ。

海外には「財政安定」、国内には「逼迫《ひっぱく》」をアナウンス

日本国内には決して公表されないバランスシートだが、実は海外に向けてはしっかり公表されている。

「日本の財政は安定しています」

「決して破綻などしませんよ」

とアピールしなければ、日本国債を買ってもらえない。

その説明のためにはバランスシートが不可欠だから、英語版バランスシートがきっちり用意され、外に向けて明らかにされているのである。

日本国債は金利が低い、という事実をご存知だろうか?

つまり、金利が低くても、買ってもらえる国債なのである。

一般的にもそうだが、財務状況に問題があったり、金遣いが荒かったり、要するに信頼

に値しない人や会社に対して、お金を貸してくれる相手はいないのが普通だ。いるとしても、かなり高い金利にしないと貸してもらえない。金利が低いにもかかわらず日本国債の市場が成り立っているということは、日本国債は信頼されているということである。

財政破綻の危機が迫っている国の国債を、信頼して買う人がいるだろうか？いるはずがない。

統合政府バランスシートを確認し、日本財政に問題なし、と判断した人たちが買っているのだ。

これもまた、「日本財政の安泰」が明らかな証拠だろう。

ただし、その事実がオープンになりすぎないように、**海外投資家向けの国債投資説明会などでこっそり発表される。**

だから、バランスシートの存在をマスコミは言わないし、財務省も当然、積極的に言うはずがない。こうして、国の正しい財政状況が国内では報道されないという現状が、ずっと続いてきた。

バランスシートを提示して、財務状況に問題がないことを説明すれば、財務省はやりたいことができなくなってしまう。

つまり、増税だ。

●「増税しか手柄にならない」がすべての元凶

財務省の動きの根本には、基本的に「増税」がある。

営業マンの行動の動機が「売上アップして評価を上げたい」であるように、財務官僚の動機は「増税したい」なのだ。

何を大げさな、と思うかもしれないが、28年間財務省（旧大蔵省）にいた私が言うのだから信じてほしい。

企業の利益が拡大して税収が「自然増」になっても、財務官僚の手柄にはならない。増税してこそ、手柄になる。そういう体質で、もう何十年もやってきているから、骨の髄まで浸み込んでいるのだ。

「財政が苦しい。だから増税が必要だ」——賢明なる読者の皆さんは、今後こういう話を聞いたら（残念だが度々聞くことになろう）、一度眉に唾をつけて、本書を読み返してほしい。

「官僚は国益のために動く」は幻想だ

財務官僚の呆れた行動原理を、ここまでくり返しお話ししてきた。

「国益のためにハードワークしている、世界に冠たる秀才集団じゃなかったのか？　だからステイタスがあるんじゃないのか？」

と、まだまだいぶかしく思う方も多いだろう。

はっきり言おう。

残念ながら、財務省に28年在籍し、内側から見てきた私に言わせれば、**「キャリア官僚は国益で動くもの」は、もちろん例外はあるが、幻想である。**その幻想にとらわれていては、事実は見えない。狡猾な官僚にいいように騙されるだけだ。

では「官僚」とは一体何か。

それは「国家公務員」のことである。

日本において公務員には、国家公務員と地方公務員がいる。

国家公務員とは、国の機関に属する公務員のこと。各省庁の職員はもちろん、裁判所や自衛隊、刑務所に勤める刑務官なども当てはまり、約30万人いる。

一方、地方公務員は約280万人以上いる。都道府県や市町村の職員、警察官、消防官もこれに当てはまる。

そして、どこに属する公務員も、営利を目的とすることなく、国民が安全に幸せに暮らせるように、公共の利益を求めている……はずだ。


また、国家公務員にも2つの種類がある。いわゆる「キャリア」と「ノンキャリア」と言われるものだ。そもそも受ける採用試験の内容からして異なるのだが、両者の仕事にも違いがある。

国家公務員の5％しかいないキャリアは、政策立案や国会に関連する仕事に携《たずさ》わる。

ノンキャリアはこうした仕事はせず、法整備やルーティンワークを任されることが多い。

もっと言えば、勤務時間にも差がある。

時期や仕事内容によって例外はあるものの、基本的にノンキャリアはたいてい定時に来て定時に帰る。

昨今、国家公務員の業務がいかに激務で、いわゆる「ブラック」かについて言われるようになった。

たとえば激務の根拠としてよく聞く、国会答弁の資料を夜遅くまで作成している国家公務員というのは、ほぼキャリアである。もちろん、お手伝いさせられるノンキャリアもいるが、あくまで例外で、基本はキャリアが対応する。

よく働いていると言えなくもないが、「無駄なことをしている」という言い方もできる。

私がまだキャリア官僚の一員だったころ、同僚たちはよく残業自慢をしていたが、なぜ自慢したいのか分からなかった。

「昨日も遅くまで残っていた」と言いたがる人ほど、大した仕事はしていなかった。

ここまでお付き合い頂き、まずはお疲れさまでしたと申し上げたい。

聞き慣れないワードや、正しいと信じ込んでいたことが間違いだったと知らされた上で新しいことを次々と説明され理解するのが、なかなか骨の折れることであるのは、私も重々承知しているつもりである。

次の章では、これまでお話ししてきた「経済の真実を見極める力」を使えば、どのように自分の生活と資産を守れるか、怪しい商品に手を出したり山っ気を出して失敗することなく、正しくお金をマネジメントできるかについて、お話ししていこう。

《コラム③》

東大法学部以外は「変わってる」財務省

財務官僚時代、私はほとんど残業しなかった。仕事が終わればなるべく早く帰宅するのが基本で、案外気楽に、根を詰めずにやっていた。

余談になるが、私はそもそも公務員になりたくなかった。全然興味がなかった。

ただ、あるとき大学の友人たちと海に泊まりで行く計画を立てていたとき、彼らが国家公務員試験（Ⅰ種）を受けようとしていることが分かった。そして、

「国家公務員試験の当日、試験を終えた足で海に行こう」

という話でまとまったのだ。

自分以外の人たちは試験を受けてから向かうとなると、私は一人で行くことになる。道に迷ってもつまらないし、一緒にワイワイやりながらの方が楽しいに決まっている。聞けば受験にお金はかからないというので、

「じゃ、俺も」

と考えたわけである。記念受験ですらなく、ただ「試験を受けた方が、海に行くのに都合が良かった」というだけだったのだ。我ながらまったくいい加減な話で、不謹慎と言われれば甘んじて受けるしかない。

そして合格した（あの試験は簡単なのだ）。

受かりはしたが、官僚になるつもりはなかった。

しかし、大蔵省（当時）から直接電話があり、お誘いを頂いた。

一度くらい会ってみようかなと思い、誘いに乗ってちょっと話を聞きに行った。その時点でも、やっぱり官僚になる気はなかった。

なぜなら、大学院に進むつもりだったからだ。

とはいえ当時、学生結婚をする予定だったため、頭のどこかに「早めに働き始めた方が良いかもしれない」という思いも少しはあった。

本命は、あくまで大学院だった。

そうして迎えた、大学院への進学がかかった入学試験の日。天気はあいにくの台風である。暴風雨のあまりのひどさに、私は大学へ行くのを断念した。試験を受けられなかったのだ。

このようなめぐり合わせで、私は仕方なく大蔵省（現・財務省）へと入ったのである。根っからの理系で、文系の人間を小馬鹿にしていたし、今でもそこはあまり変わらない。だから、東大法学部の人間がひしめき合う職場に、自ら喜んで飛び込むはずがない。入省したのは、ただそうするより他ない状況だったからだ。

いざ仕事を初めてみたら、これまで触れてこなかった「法律」が関連する仕事だったため多少面食らったが、基本的には残業もなく、かなり楽な仕事だった。

大蔵省への入省はまったく想定していなかったし、希望したこともなかったという話を同僚にしたら、

「変わってるな」

と言われたから、私みたいなタイプは例外なのだろう。

同僚には「日本のために……！」と言う人も多かったけれど、それが真意だと思える人はあまりいなかった。ただ、早くに退職していつの間にか政治家になった人もいたから、

私が見抜けなかっただけかもしれない。

ちなみに、大蔵省での私の同期では、4人が政治家になった。

◉われら富士山、ほか並びの山

学閥や派閥がある省庁もあるが、財務省においては9割が東大出身者であるため、学閥が成立しない。

代わりに、出身県や出身高校をもとにした縦のつながりが存在していた。

派閥もあるにはあったが、単にその省庁におけるトップに近い人とつながりがあるかどうかという話であって、しょせんは役人の世界だから、正直なところ大したものではなかった。


同じ官僚でも、所属する省庁によっていろいろと違いがある。

たとえば、財務省には手堅い人間が集められる傾向がある。

官僚出身という看板を背負ってテレビに出てくる元官僚は、たいてい経産省出身である。財務省OBなら天下りが容易にできるので、テレビに出なくてもやっていけるケースが多いが、経産省ＯＢだと財務省ほどは天下りができないからだ。

ありがたいことに、テレビでしゃべる元財務官僚は私くらいだから稀少性があるようで、おかげさまで仕事に困らない。

財務省の特徴をもう１つ挙げるなら、圧倒的に天下り先が充実している。

次点は警察庁や総務省だろうか。天下り先としては、やはり地方自治体の関係先が多い。

とくに、各省庁の予算を握っている財務省は、財務省以外の省庁の関係先にもつながりがあることから、天下り先も豊富というわけだ。

入省して最初に習ったのは、

「われら富士山、ほか並びの山」

という言葉であった。

「自分を富士山とは、よく言うよ」と思ったものだ。

省庁の中でもわれら財務省は別格という「選民思想」が財務官僚には浸透している。とにかくエリート意識が高い。

予算の査定をするというのは、それだけ強権なのである。

一般企業など、あからさまに下に見ている。最終的には天下るくせに、入省時から上から目線が当然という世界観で年次を重ねる。

相手が世界に冠たる超優良グローバル企業の社長だろうが、国会議員だろうが、自分たちが上と信じている。

そして言外に、高すぎるプライドが現れてしまうのだ。

◉「財務官僚OBの政治家」がパッとしない理由

そういう意味では、財務省出身の国会議員がいまひとつパッとしないのは、官僚から議員になっても「上から目線」を変えられないからかもしれない。

国会議員というのは、周りに対してあくまで下手に出なくてはならない場面が多々あるものだ。若手時代はなおさらである。

しかし官僚出身者は、いつまでも他人を見下す気分が抜けなくて、つい上からものを言ってしまう。そこまでの人生、天才、秀才とチヤホヤされてきたので、悲しいことだが仕方がないのだろう。

ちなみに、財務官僚出身でありながら政治家としても成功した人を挙げるなら、第68、69代の内閣総理大臣を務めた大平正芳氏である。

ただ、大平氏は東大ではなく一橋大学からの入省であった。

先にも言ったように、大蔵省、つまり今の財務省の９割は東大出身者で占められている。東大法学部で当然、それ以外は「変わってる」という扱いなのだ。

おそらく大平氏は、大蔵省内で煮え湯を飲まされることも多かったのではないだろうか。だからこそ、人間ができていたのではないかと思う。

苦労を知っている人の方が、なにかとうまくやれるのが政治家という仕事なのである。

その点が、財務省出身の政治家には難しいと言わざるをえない。

第5章

これだけ知っておけば、金融機関に騙《だま》されずに「資産」を守れる！

――生活防衛のために「いま理解しておくべきこと」――

ＦＸはギャンブルである

金融機関は基本的に、不安を煽って人を呼び寄せる。

いわく、

「円預金は目減りするから、ドル預金がおすすめ」

「海外預金の方がおトク」

「これから長期的に円安が続く。今なら利息の高いドル預金が良い」

というわけである。

だから**ＦＸ**をやりたがる人が増えるわけだ。

ＦＸとはForeign Exchange（外国為替）のことで、外国為替保証金取引のことだ。分かりやすく言えば、外国の通貨を買ったり売ったりしたときの差額によって利益を得る取引のことだ。

ＦＸをすすめる人の言い分として、ステレオタイプなものは、
「今、米国はインフレ、日本はデフレである。インフレ率の高い国の方が通貨安になり、インフレ率の低い国が通貨高になるから、今は外貨の方が得」
というものだ。

●短期すぎて読めない

経済理論としては間違っていないのだが、ＦＸに当てはめるのに適しているかどうかは、もうちょっと考えた方が良い。

その理論が、はたしてどのくらいのスパンを見越した話であり、何割くらいの確率で当たるものなのか、分かっておいた方が良いだろう。

ＦＸはその性質上、非常に短期的な予測を立てる必要がある。

というより、予測が非常に難しい。今ある情報をどれだけ集められるかによって結果が大きく変わるし、そうした目先の話は一切、この手の経済理論から導き出される答とは関係がないのだ。

なぜなら、経済理論による未来予測は、だいたい2、3年のスパンについては7割程度

しか当たらないのである。

そして、ＦＸのような非常に短期の取引においては、その予測から外れることも大いに考えられる。過去の取引を見ても、それは裏付けられる。

基本的に、**ＦＸの動きは３カ月単位くらいで予測する必要があるが、これは正直なところ、予測すること自体が不可能だ。**数値はまるで酔っ払いのように右に行ったり、左に行ったり、これをランダムウォークというが、どちらに転ぶか分からない。だから予測不可能なのである。

逆に言うと、ＦＸとは３カ月、もしくは半年くらいで結果を出すものであり、これで収益を上げたいのなら、勘でやるしか手がない。これが、ギャンブルと変わらないと考えた方が良いと言う理由である。

短期の為替予測は不可能！

そもそもＦＸは、取引をあまりせず、長期投資のように時間をかけるとコストがかかる仕組みになっていることがほとんどだ。

たとえば為替レートの動きは、先にも言ったように通貨の交換比率とほぼ同じだ。円ドル相場なら日本のマネタリーベースを分子に、米国のマネタリーベースを分母にして割り算すれば、だいたいその数値が分かる。

これで為替レートの予測をするわけで、一般的に投資を勧誘するときに使われる話なのだが、この理論がＦＸに役立つかというと、はっきり言って役に立たない。

ＦＸに役立てるなら、国が金融緩和をしているかという方向で考える方が良い。インフレ率が高ければ、その国は金融引き締めに動くだろう。

しかし、どの段階で動くかの判断は、国の事情によっても異なってくる。

だから実際に金融政策がどう動いているのか、国の姿勢を見て、それを数値化して計る方が、ＦＸの役には立つだろう。

それによって言えることといえば、たとえば日本は金融政策にあまり動きはないが、米国は金融引き締めに動くから、どうも円高になりそうだ……といったくらいのものだ。相対的なものであり、かつ定性的だから、為替レートの数値まで予測するのはなかなか難しい。

このくらいのざっくりした予測で勝てるなら、皆ＦＸをやっているだろう。簡単に予測できないから、ＦＸは難しいのである。

つまり、ＦＸで一財産作ろうと企む人は、**結果的に金融機関に手数料をたくさん払って取引しても自分は儲けられず、金融機関ばかりを儲けさせることになる。**

金融緩和うんぬんの、定性的でふわっとしたところから予測を立てるのは、やはり難しい。**マネタリーベースの変化や度合いから予測を立てる定量的なやり方であれば、予測は立てられるが、短期的なものは分からない。せいぜい２年くらいのスパンである。**

だから、投資のプロは、２年くらいのスパンで予測を立てながら、派手で短期的な売り買いをしない。塩漬けにしているくらいの方が手数料も抑えられ、長期的に見ればはるかに儲けられる可能性が高い。

一方、短期的に儲けようとするＦＸには、必勝法がない。誰がやっても、私がやったところで、短期的に売り買いすれば負ける確率の方がずっと高い。

それがＦＸの実態なのである。

「年金は破綻する」のウソ

はっきり言おう。

「年金は破綻する」

というのはデマである。デマなのだから、

「年金は破綻するので、老後の備えにこういう投資はどうですか？」

と、金融商品を売りつけようとしてくる人は、あなたを騙そうとしている。

この手の詐欺商法は枚挙にいとまがない。だから十分に警戒してほしい。

では、なぜ年金は破綻しないのか。

まずは、年金とは一体どういうものなのかを説明しておこう。

年金の制度に私たちが接するのは、20歳になったときだ。すべての国民が加入する国民年金なら、20歳から60歳までの40年間、会社員や公務員が加入する厚生年金であれば、勤め始めてから最長で70歳までの約50年間、保険料を支払うことになる。

年金を受給できるのは、現状では原則65歳からとなっている。しかし、定年が70歳まで延長されたこともあって、70歳くらいから受け取り始めるケースも少なくない。

一般的なビジネスマンが支払う年金保険料は、給料の約２割である。２割の保険料を50年間支払うとすると、

50年×20％＝１０００％

と計算できる。一方、受給の方はというと、受け取れるのはだいたい給料の50％くらいの額になる。仮に70歳から90歳までの20年間受け取るとしたら、

20年×50％＝１０００％

となる。つまり、**受給できる額は、年金保険料として支払った額とほぼ同じ、トントンになる**ことが分かる。

年金はこうなるように設計されている。単純な設計だからこそ破綻する可能性は低いのだ。

年金保険料は「払わなければいけないもの」

よく、

「年金保険料を払うくらいなら、民間の保険や年金の方が安心」

というセールストークが使われているが、騙されてはいけない。

そもそも年金保険料の支払いは、法的な性格としては税金と同じなのだ。払うか払わないかを個人で判断できるものではなく、払わなければいけないものである。払わないのは脱税に近い。

ただ、現在の社会保険庁は強制徴収をしておらず、

「払わない人は、年金をもらえなくなりますよ」

という言い方をしているから、**払わないという選択肢もあるのだと誤解している人は多いようだ。**

年金より民間の保険の方が良い、というのがおかしな話なのは、よくよく考えてみれば分かる。

年金を動かしている人たちに対しては、国が徴収した税金から給料が支払われている。

一方、民間の金融機関で働いている人たちは、顧客から支払われた保険料や手数料から給料をもらっているのだ。

あなたの会社に年中顔を出している保険のセールス担当者は、あなたの支払っている保険料で養っているも同然なのである。民間企業の保険に入ると、支払った保険料の半分近くは、保険会社の人件費やら経費やらに消えると思って良い。

それなら、その保険料を自分で積み立てた方が、よほど自分のためになると思わないだろうか？

私は保険会社の社員を、私のお金で食わせる気はさらさらないから、生命保険など最低限必要な保険以外には１つも入っていない。

年金は、長生きするほどお得

もう1つ、大前提として、年金は長生きしないともらえない。

老後、誰もが年金をもらえるわけではなく、もらうためには長生きするのが前提なのだ。

そして、平均的な年齢以上に長生きする人というのは、実は同世代の半分しかいないのである。

あまり長生きできない人は、ただ年金保険料を払うばかりになってしまう。もらわずじまいである。

そういう側面から見れば、たしかに年金とは酷な制度なのだ。しかし多くの人はそれを知らず、歳を重ねれば年金がもらえると思っている。受給が始まるのは、先にも言ったように原則65歳なのだから、ある程度までは長生きしないともらえない。

●年金と死亡保険は真逆

年金とは、いわば長生きできたらもらえる保険である。

死亡保険とは真逆の保険と考えたら、分かりやすいかもしれない。

死亡保険は、死んだときにもらえる保険だ。生きている人全員で死亡保険の保険料を払って、亡くなった人にそれをあげるという保険である。残された家族などが、亡くなった人の代わりにそれを受け取ることになる。

年金は、成人した日本国民全員が保険料を支払い、長生きした人だけがそこからお金を受け取れる保険ということだ。

80歳まで生きた場合と、１００歳まで生きた場合を比べると、もらえる金額には大きな差が出る。早くに死んでしまえば年金はちょっとしかもらえないし、1年でも2年でも長く生きれば、それだけ多くもらえるのだ。

健康であるほど得であり、早く死んでしまうのは絶対的に損なのである。

計算してみよう。
先に、年金の計算方法を説明した。先の例では、70歳から90歳まで受給したパターンを計算したが、もし100歳まで生きたとしたら、

30年×50%＝1500%

となる。保険料として支払った額より、受け取る年金の額の方がずっと多いことが分かるだろう。

年金というのは、このくらい単純な原理で設計されているから、なかなか間違えないし、破綻しにくいという性質を持っている。

人が働ける年数と平均寿命の2つが分かっていれば、人がいくつぐらいまで働き、どのくらいの給料になるか分かるので、平均的にどのくらい年金を支給しなければならないかを簡単に計算できる。

シンプルな制度だからこそ、破綻させるのは難しいのである。

年金を受給できる年齢がどんどん引き上げられる理由

ではなぜ、年金を受給できる年齢が引き上げられているのか、疑問に思うかもしれない。先にも言ったが、（同世代の）半分くらいが死んでいなければ、生きている人の年金が払えないのである。

皆が長生きすれば、その分支払う総額も増えてしまう。平均寿命が長くなるのは良いことだが、年金に限っていえば、半分くらいは死んでもらわないと支払えない。だから、支払いを先延ばしするしか手がないのだ。

こんなことを言うとたいてい怒られるのだが、制度としてそういうものであるのは、まぎれもない事実だし、あくまで数字の上ではこれが現実なのである。

私は事実しか言っていない。

長生きすれば得をし、早死にすれば損をする。

年金はそういう制度である。

受給については、65歳まで待たず、前倒しして60歳から受給することもできる。ただ、1回分の受給額は減額されることになるので注意が必要だ。若ければ、それだけ（同世代で）死ぬ人の確率が低くなるから、年金を減額しないと制度として辻褄が合わない。

逆に、受給をもっと先延ばしにすると、年を取れば取っただけ（同世代で）亡くなる人も増えてくるから、受給額も上がるわけである。

減額か増額かは完全な数理計算で分かることであり、計算に基づいて額が決められている。

どちらの制度を選択しようが、長生きすればすごく得だし、早く死んでしまえば何の得にもならないのである。

ＮＩＳＡ、投資信託は本当にお得？

最近、
「金利の低い銀行にお金を預けるより、投資した方がいい」
「これからはＮＩＳＡがお得」
といった話を耳にする機会も多いのではないだろうか。

最近、ＮＩＳＡや投資信託をすすめられることが多いようだが、これらをやるのは、金融機関の職員を手数料で食わせるようなものである。夢のない話に聞こえるかもしれないが、貯金の方がよほどマシかもしれない。

お金が余っているからと、株式市場にうかつに手を出すのはやめておくことだ。分からないなら、下手に手を出さないに限る。金融機関を儲けさせるだけだ。

もし投資したいのなら、自分の仕事まわりのことに投資する方が良い。おいしい話があると投資をすすめられたら、その話は眉唾だ。よくよく気をつけるべきである。

金融機関の言う「おすすめ商品」を、鵜呑みにしないことだ。金融機関が商売の手段として売り込んでいるわけだから、本当にあなたにとってのおすすめかどうか、かなり微妙だろう。

そして、金融機関の言うことを信じて買ったとしても、買った瞬間からすべては自己責任である。結果がどうなろうと、「おすすめされたから」は言い訳にならないのだ。


これを理解した上で、NISAについてお話ししてみよう。

NISAとは、Nippon Individual Saving Account の略である。

Individual Saving Account というのは、世界でもよくある制度であり、個人で株式投資するとき、その収益について非課税枠が設けられる。

何が何でも株式投資をやりたいという人は、非課税枠を利用した方が得であり、合理的なのは間違いない。

ただ、NISAの非課税枠は、「つみたてNISA」は年40万円、「一般NISA」は年120万円に限られる（2024年から始まる「新NISA」では、「つみたて投資枠」

で年１２０万円、「成長投資枠」で年２４０万円となる。併用可能となるため、合計で年３６０万円まで投資上限額が引き上がる)。

株式投資によって生計を立てている人にとっては、１２０万円分などほんのちょっとに過ぎない。さほどのメリットはないが、ないよりは良いという程度だ。新ＮＩＳＡでは非課税枠が広がるが、私の結論としては同じである。

「老後のための保険や投資」に騙されるな！

基本的に金融機関の言うことは信用しない方が良い。

何度も言うが、金融機関のすすめる投資は特にそうだ。

たとえば一昔前、銀行がすすめるのは預金だけだった。

しかし、２０００年以降になると、銀行は系列の証券会社や保険会社の商品を売るようになった。銀行というだけで信用度は高かったから、銀行員のすすめで投資信託を始めたり、保険に入ったりする人も多かった。

「老後は不安だから、今のうちに保険に入っておくのがおすすめですよ」

と言われて、みんな信用したのである。

しかし、そうして不安を煽りつつ金融会社がすすめてくる保険のほとんどは、変額保険である。変額保険とは、支払われた保険金を金融機関が投資信託などで運用するものだ。運用次第で、支払われる保険料などの額が変わってくることになる。

厳密にいえば、これは保険ではない。

変額保険は「ほぼ投資信託」

保険とは原則、「補償」と「投資信託」の２つを組み合わせて作られる商品だ。補償性があってこその保険である。変額保険にも最低限の補償機能はあるものの、貯蓄性ではないので、ほぼ投資信託と変わらない。

保険と言いながら、投資のリスクそのものは、保険契約者が負うことになる。投資信託は当然上がり下がりもあって、損することも珍しくない。変額保険は、手数料の高いあくどい投資信託と、たいして変わらないのである。

それなら、自分の銀行口座で地道に積み立てていった方が、リスクを負わずにすむだろう。

どうしても投資したいなら国債がおすすめ

「銀行に預金を入れておいても、たいした利子が付かないから投資したい」

と考える人も少なくないようだ。

たしかに預金にはさほど利子は付かないが、自分のお金の何割かを手数料として持って行かれることもない。

投資も保険と同じで、これをやるということは、手数料によって金融機関の社員を食わせてやるということなのだ。

だから私は、基本的に投資もやらない。

ただ粛々と、自分のお金は自分で貯めておく。リスクはなく、お金をどう使っていくかの計画もはるかに立てやすい。私のお金で、まったく関係ない会社の社員を養うような慈善事業をやるつもりはない。

老後に備えたいなら、貯蓄が一番だ。

どうしても投資をやりたいという人には、国債をおすすめする。

まず、売り買いにかかる手数料がほとんどない。金融機関から手数料を収奪されることもない。他にも、国民年金基金などの個人年金なら税制上の恩典があるし無難なので、変額保険や投資信託をやるよりもずっとおすすめだ。

●なぜ銀行は国債をコソコソ売るのか

ちなみに、国債は銀行で買える。知らない人も多いだろう。

なぜなら、銀行は積極的には国債の広告をしないからだ。

個人向け国債は毎月募集がかかり、翌月発行されるものを購入できる。しかし銀行は、募集がかかったと思ったらすぐに「いっぱいになりました」と締め切ってしまうのだ。

これには理由がある。国債の問題ではなく、銀行側の事情があるのだ。

それは、国債が利回りの高い商品だ、ということである。銀行の預金につく利子より高いから、預金が見劣りしてしまう。だから銀行は、国債を積極的に売らない。

そして、銀行が国債を買っているのである。

さらにいえば、**実は国債の利回りが預金金利より高いなど、他国ではありえないことなのだ。**どこの国もたいていは、国債の金利が一番低く、銀行預金の金利がそれより少しだけ高い。両者が逆転している日本は、世界を見ても異例である。

この逆転している状況を、銀行は逆手に取っているのだ。**銀行は高い利回りの国債を買う一方で、国債より金利の低い預金を受け入れ、その利ざやで儲けているのだ。こんなやり方がまかり通っているのは、日本くらいのものである。**

一般の人に国債をすすめたら、銀行は自分の利益が目減りしてしまう。銀行が国債を積極的に売らない背景には、こうした理由もあるわけだ。

はっきり言って、ずるいのである。

私は事実を言っているだけだが、まだ役人をやっている頃にこれと同じ話をしたら、大騒ぎになった。今でもこの内容を発言すると、あちらこちらから抗議やら恫喝やらが来る。

誰が見ても明らかな事実を言っているだけなのだが、実に不思議なものである。

変動金利と固定金利

さて、人々の生活に関わってくるお金の事情をもう１つ挙げるなら、住宅ローンではないだろうか。

かつては一国一城の主になることを夢見て、がむしゃらに働くサラリーマンが多かった。今でも、自分の家を持ちたいと願う人はいるだろう。

家を買うとなると、多くの人は住宅ローンを組むことになる。このとき突きつけられるのが、

「変動金利にしますか？　固定金利にしますか？」

という2択だ。

変動金利は、そのときの金利情勢によって金利が上がったり下がったりする。

逆に固定金利は、返済期間が20年なら20年間、金利はずっと変わらない。

２つの選択肢が用意されている裏側には、やはり金融機関の事情があるのだ。これを知

図⑨　金融機関のバランスシート

資産	負債
貸出	預金
有価証券	資本

らずに、

「今、変動金利が低いですよ」

と言われて変動金利にしてしまうと、のちのち金利が上がったとき大損することになるわけだ。

契約時、変動金利と固定金利を比べて、前者の金利が低かったとしても、のちのちどうなるかは未知数だ。いっぽう固定金利なら金利は一定なので、先々いくら支払いが必要かも読める。読めるというのは、借入者にとってはリスクがないということだ。ただし少し（変動金利に比べて）割高になっている。

なぜ割高になっているかというと、これは金融機関の事情で決まってくるのだ。

図⑨は、金融機関の一般的なバランスシートである。負債サイドにあるのは「預金」と「資本」。資産サイドの多くは「貸出」だ。変動金利と固定金利が関係してくるのは、この「貸出」になる。

一方、預金にはどういう性格があるかというと、その大半は定期預金である。そして、定期預金は1年で満期になるタイプがほとんどだ。

1年で満期が来ると、ほとんどの人は再預金する。このとき、世の中の金利情勢を基に金利は見直され、変わる可能性が高い。1年経った時点で、金利が上がるかもしれないし、下がるかもしれない。

●「銀行がリスクを抑えやすい」がポイント

いっぽう、貸出の方はどうなるか。**銀行にとって一番リスクが少ないのは、定期預金は1年が大半なので、貸出も「1年」に合わせてしまい、金利を預金金利と同じように動かすことだ。**

銀行は当然、リスクを取りたくないから、変動金利ばかり推すわけだ。バランスシートの左右、つまり「預金」と「貸出」で期間を合わせてしまうのが、貸す側にとって一番リスクを抑えやすいというのがポイントだ。

一方、固定金利においては、基本的に貸出の金利は一定である。しかし預金金利は1年でころころ変わっていくので、銀行にとって固定金利はリスクがある。**貸す側にリスクがある分だけ、固定金利は高めに設定されているのだ。**そうでなければリスクに見合わないということだ。

これを借りる側の視点から見ると、変動金利はリスクが高い。固定金利は割高だがリスクがない。

そのどちらをとりますか？　という話なのである。

つまり変動金利と固定金利のどちらかを選ぶとき、そのときの金利だけ見て判断してはいけないのである。

●住宅ローン、今後は「変動金利」がリスクになる

もっとも、これまでは現状の金利を見るだけで事足りていた面もあった。

というのも、日銀は黒田総裁のもと、金融緩和を続ける方針を取ってきたからだ。

おまけに、長期金利は０％に据え置く方針であった。

金利が変動する余地が極めて少なかったから、変動金利でもリスクが低かったのである。

しかし、今後はどうなるか分からない。

ちなみに、住宅ローンとして**「フラット35」**という選択肢もある。

これは、長期固定金利住宅ローンであり、最大35年間まで固定金利でローンが組める。返済期間中、ずっと金利が変わらないので、資産計画が立てやすい。

これは住宅金融支援機構が取り扱っている商品だ。

固定金利のみの住宅ローンが扱えるのは、銀行と違って、預金を受け入れていないからだ。代わりに、財務省が国債で調達したお金を受け入れている。長期国債（10年）を受け入れているのと同じことだ。

もうお分かりだろう。銀行と違い、預金金利が動くことによるリスクがないのだ。だから固定金利にできるのである。**「消費者に優しい」といった類の話ではない。**構造の違いなのである。

逆に言えば、住宅金融公庫が変動金利にしたら、リスクを抱えることになる。貸出の金利はころころ動くのに、受け入れ（長期国債）の金利は動かないからだ。

２０２２年末、日銀は事実上の利上げを行った。

黒田総裁の任期は２０２３年の３月で終わる。植田和男新総裁は2月24日、衆院運営委員会にて、「金融緩和を継続して企業が賃上げをできる環境を整える」と語った。インフレについては消費者物価の上昇率が４％程度に達しているものの、「輸入物価上昇で、需要の強さによるものではない」と語り、今後、物価上昇率は低下していくという見通しを示した。


実際に、どのような方針を打ち出すかはまだ分からない。これまでと異なる路線を取ることになれば、今後はリスクが満ちていることになるだろう。

金利はすでに上がってしまったし、また下がるとは考えにくい。良くて横ばいであり、上がっていく可能性の方が高いと予想される。これまでのように変動金利のリスクが低いとは考えられなくなってくる。

その点、固定金利を選んだ人は、リスクがない。世の中の金利が上がろうが下がろうが、自分の住宅ローンの金利はそのままだからだ。

リスクを取りたくないなら、変動金利を選んだ人は、今のうちに固定金利のローンに借り換えておくのも１つの方法だ。

《コラム④》

持ち家か賃貸か、マイカーかリースか

これから家を買うか、賃貸を借りるかという2択であれば、賃貸の方が良い。相続などでもともと土地も家も持っていたというなら別だが、これからローンを組んで買うのは、やめておいた方が良いだろう。

持ち家を買うということは、リスクを背負うということだからである。家を買うにはお金を使う。

しかし、土地も家も時間とともに価値が下がっていくかもしれない。家は当然劣化するとして、土地もまた値下がりしないとも限らない。1千万円で購入した土地が、10年後、20年後も1千万円であるとは限らないし、むしろ下がる可能性は高い。

不思議なことに、地価が下がることに無頓着な人が多い。たしかに高度成長期には、地価がどんどん値上がりしたが、それはそういう時期だったからだ。

土地の価格は、そこを利用したいと思う人がいればいるほど上がる。経済活動が活発になれば上がる。

しかし、世の中を見渡してみれば分かるように、今後はそううまくはいかないはずだ。

たとえば、コロナ禍においてリモートワークに踏み切る企業が増えた。一時的なものではなく、今後も継続してリモートワークが取り入れられていくだろう。

そうすれば、都市圏に住む必要はなくなる。都市圏の企業に勤める人も、物価の安い地方にいながら仕事ができるようになれば出て行くはずだ。

住む人が減れば、地価は下がる。

では、人が増えることで地方の地価が上がるかというと、そもそも地方の土地は余っているから、それも期待できない。

だから土地の値段は、今後上がるとは期待できず、下がる可能性の方が高いのである。

住宅ローンを組んでいる場合、土地の価格が下がりすぎると担保としての価値も下がってしまうため、お金でさらなる担保を差し入れるよう求められるかもしれない。支払いが滞れば返済のために土地を取り上げられるかもしれない。

持ち家、特にローンを組んでの購入は、大きなリスクを抱え込むことになると知っておいた方が良い。

その点、賃貸なら、持ち家を持つことのリスクは大家さんが背負ってくれる。家賃は大家さん次第だが、人口が減少し続けている昨今、強気すぎる経営はしにくいだろう。

お金が有り余って他に使い道もないというなら家を買っても良いが、預金もカツカツでローンを借りなければ買えないのなら、そんな大きな買い物はしなくて良い。わざわざ不動産リスクを背負わなくて良いのである。

マイカーを買う？　リースで乗る？

車についても考え方は同じだ。

車のローンは短期間であり、家よりもリスクはずっと少ないとはいえ、リスクがあるのは変わらない。

車の購入時には取得税がかかる。

環境性能に応じて課税もされる。

持っているだけで自動車税もかかる。

燃料費もかかるし、定期的な修理やメンテナンスにも費用がかかる。

場合によっては月々の駐車場代もかかるだろう。

車は必ず劣化していくし、中古で下取りに出して売れたとしても、購入時より安くなる場合がほとんどだ。

そして最大のリスクは交通事故だろう。事故が起きれば、車の資産価値はなくなってしまう。


一方、リースを利用する場合は、毎月のリース代はかかるとしても、リスクは大幅に軽減される。

車の持ち主はリース会社なのだから、車にかかる諸々の手続きなどを自分でする必要がない。買ったり売ったりする手間もない。借りた車は自分の資産ではないのだから、目減りを心配する必要もない。

リースなら、ある程度コストはかかっても、さまざまな手間をかける必要がなくなるし、短期のリースなら短いスパンで気軽に新しい車に乗り換えることもできる。購入すると必要になる、前の車を手放す手続きや、新しい車を迎え入れる手続きを省くことができる。

ローンを組まず一括購入するのであれば、業者に払う手数料分を除けば、かかる費用はトントンかもしれない。ただ、契約等のわずらわしさを思うと、やはりリースに軍配が上がる。

何より、リースは気楽なのだ。

とはいうものの、実は我が家では車を購入している。身内に自動車関係者がいるものだから、どこかの業者からリースするより、その人を通して購入し、メンテナンス等のお世話になった方が、人間関係が円滑になるからだ。

「俗世間離れしている」と言われることもある私も、皆さんと同じように人間社会の中で生きているから、実生活のすべてに対して合理性を追求するわけではない。

ただ、こうした事情がなければ、私はリースを利用していたに違いない。

おわりに

最後までお読み頂き、ありがとうございます。

本書は、私のYoutube「髙橋洋一チャンネル」の動画をベースに、いま特に読者に知っておいてほしい内容を凝縮してまとめたものだ。

増税やインフレ、国債、為替、金融商品等についてお話ししてきた。多くの方々の感想は、「どうしてこんなに誤った知識を刷り込まれてしまったのだろうか」というものではないだろうかと想像する。そのカラクリも、詳細に書いた。

これからも、バイアスのかかった情報や、真実とは到底言えない恣意的な記事等が読者諸氏のもとに降りかかってくるだろう。

しかしそれらを鵜呑みにせず、自分の目で経済の真実を見極めてほしい。私もさまざまなところで、発信を続けていく。

令和5年3月

髙橋洋一

カバーデザイン　大場君人
編集協力　玉置見帆

■著者プロフィール

髙橋洋一（たかはし　よういち）

1955年東京都生まれ。嘉悦大学ビジネス創造学部教授。株式会社政策工房代表取締役会長。

経済学者、数量政策学者、元大蔵・財務官僚。学位は博士（政策研究。千葉商科大学・2007年）。

研究分野はマクロ経済学、財政政策、金融政策。その他、年金数理、金融工学、統計学、会計、経済法、行政学、国際関係論も研究している。

東京大学理学部数学科・経済学部経済学科卒業。1980年、大蔵省（現・財務省）入省。理財局資金企画室長、プリンストン大学客員研究員、内閣府参事官（経済財政諮問会議特命室）、総務大臣補佐官、内閣参事官（首相官邸）、金融庁顧問、菅義偉内閣における内閣官房参与（経済・財政政策担当）等を歴任。

バブル崩壊後の「不良債権処理」の陣頭指揮をとり不良債権償却の「大魔王」と呼ばれる手腕を発揮。小泉内閣・第1次安倍内閣ではブレーンとして活躍し「霞が関埋蔵金」の公表や「ふるさと納税」「ねんきん定期便」など数々の政策提案・実現をしてきた。2008年退官、現在に至る。

『さらば財務省！　官僚すべてを敵にした男の告白』（講談社。第17回山本七平賞）、『99%の日本人がわかっていない 国債の真実』（あさ出版）、『安倍さんと語った世界と日本』（ワック）などベスト・ロングセラー多数。忖度抜き、歯に衣着せず真実を語るブレない姿勢と、説明の分かりやすさで幅広く支持されている。

2020年10月開設のYoutube「髙橋洋一チャンネル」登録者数は87万人、2009年12月にスタートしたtwitterフォロワー数は53万人を超える（いずれも2023年3月時点）。

●注意
(1) 本書は著者が独自に調査した結果を出版したものです。
(2) 本書は内容について万全を期して作成いたしましたが、万一、ご不審な点や誤り、記載漏れなどお気付きの点がありましたら、出版元まで書面にてご連絡ください。
(3) 本書の内容に関して運用した結果の影響については、上記(2)項にかかわらず責任を負いかねます。あらかじめご了承ください。
(4) 本書の全部または一部について、出版元から文書による承諾を得ずに複製することは禁じられています。
(5) 商標
本書に記載されている会社名、商品名などは一般に各社の商標または登録商標です。

増税《ぞうぜい》とインフレの真実《しんじつ》

発行日　2023年 4月 1日　第1版第1刷

著　者　髙橋《たかはし》　洋一《よういち》

発行者　斉藤　和邦
発行所　株式会社　秀和システム
〒135-0016
東京都江東区東陽2-4-2　新宮ビル2F
Tel 03-6264-3105（販売）Fax 03-6264-3094
印刷所　日経印刷株式会社　Printed in Japan

ISBN978-4-7980-6918-0 C0030

定価はカバーに表示してあります。

乱丁本・落丁本はお取りかえいたします。

本書に関するご質問については、ご質問の内容と住所、氏名、電話番号を明記のうえ、当社編集部宛FAXまたは書面にてお送りください。お電話によるご質問は受け付けておりませんのであらかじめご了承ください。